I0420586

La proletarización de

LA CLASE MEDIA

Sus enemigos, desde la Revolución Francesa hasta nuestros días, pasando por la I y II Guerra Mundial: izquierdas, derechas, nacionalismo, totalitarismo y estatismo.

Ricardo Beleta Guasch

Dedicado a mi nieto Bruno

ÍNDICE

BREVÍSIMA INTRODUCCIÓN

Este libro no se pone al servicio de nadie;
al escribirlo, no he pretendido servir ni combatir a ningún partido.
He tratado de enfocar las cosas desde un ángulo distinto del suyo,
y ver más lejos que los partidos;
mientras ellos se preocupan de mañana,
yo he querido pensar en el porvenir"

Alexis de Tocqueville (1805-1859) *La democracia en América.*

A finales del siglo XVIII nació en Francia la "clase media". Ésta nunca ha tenido una vida fácil; siempre ha tenido que luchar para que se le reconozca su mayoría de edad y, por consiguiente, su capacidad para gobernarse a sí misma.

Hoy, doscientos años después, aún hay quienes pretenden seguir "tutelándola". Y, ¡casi lo han logrado!: ¡No nos creemos capaces de vivir sin "padrinos"!

Espero que este relato ayude a identificar a los que, desde siempre, han pretendido mantenerla en un estado de infantilismo y dependencia.

Así, aunque este estudio se base en la historia de la clase media, desde la Revolución Francesa hasta nuestros días, éste no es un libro histórico, sino "político". Su lector ideal es aquel que no está especialmente interesado en el pasado, sino aquel que desea saber cómo y por qué el mundo ha llegado a ser lo que hoy es, y hacia dónde va la clase media, si ésta no reacciona.

Primera parte

LA IRRUPCIÓN DE LA CLASE MEDIA

Capitulo I

El punto de partida
Francia, a finales del siglo XVIII

"Todo cuanto contemplo
arroja las semillas de una revolución
que sobrevendrá indefectiblemente,
y de la que no tendré el placer de ser testigo"

Voltaire en 1764 (veinticinco años antes de la Revolución francesa)

Cuando en 1774 Luis XVI accedió al trono de Francia, el país era lo que hoy llamaríamos "una gran potencia". Durante todo el siglo XVIII, tanto su crecimiento económico como demográfico había sido continuo; su población había aumentado, en las últimas décadas, de 19 a 26 millones; después de la gran Rusia, era el país más poblado y rico de Europa. Sin embargo, aunque ya existían en aquel tiempo unas 60 ciudades con más de 10.000 habitantes, el 85 por ciento de la población francesa (así como la europea) era campesina.

Los "privilegiados", exactamente igual que hoy, pretendían que su "régimen" durase eternamente. Fundamentado en el viejo (y según ellos sagrado) principio de "partición", la pirámide social reposaba en las tres funciones esenciales: combatir, orar y trabajar. De ahí los tres estamentos: la Nobleza, el "alto" Clero y el "pueblo", 25.580.000 hombres cuyo único punto en común era no pertenecer a ninguno de los otros dos estamentos privilegiados.

La nobleza, (la teórica rectora de los cuerpos) se componía de unos 400.000 individuos y, el alto clero, (los teóricos rectores de las almas) se componía de unos 20.000 individuos, entre cardenales, obispos y abades, con su "corte" de secretarios y asistentes. El clero bajo, unos 100.000, que no provenían de familias "nobles", eran reclutados entre el pueblo llano. Estos últimos vivían muy sobriamente y su misión era compartir su pobreza con sus parroquianos y consolarlos.

Total, que, los "privilegiados", es decir, los que vivían a todo tren a costa del trabajo del pueblo, eran unos 420.000 individuos: un 2 por ciento de la población. Es como si hoy dijéramos que, en España, 900.000 vivieran a costa de 45.000.000. Y si se calcula que hoy en España tenemos unos 400.000 políticos más otros 500.000 ex-políticos, familiares, "asesores" y altos cargos designados a dedo, vemos, que seguimos con la misma proporción: un dos por ciento de privilegiados…

Es decir, aquella división, combatir, orar y trabajar, en el fondo escondía otra mucho más simple y eterna: por un lado, los "paganos", que se contentan con existir, intentar trabajar y pagar y, por otro lado, los "privilegiados" que, con sus cargos, puestos, prebendas e inmunidad fiscal y judicial, con el pretexto de "velar", "proteger" y "organizar" a la sociedad, vivían como "príncipes" a costa de los otros. Aquella era la *eterna* situación "política" en Francia (y de toda Europa) a finales del siglo XVIII.

Los plebeyos (los paganos de siempre)

A pesar de que una sucesión de malas temporadas meteorológicas, habían traído sus consiguientes malas cosechas, Francia aún era la primera potencia exportadora de Europa. Exportaba todo tipo de materias primas (cereales, lana, ganado) y un sin fin de artículos manufacturados (sedas, encajes, porcelanas, objetos de bronce, papeles pintados y muebles finos), a Inglaterra, Holanda y Bélgica.

El desarrollo económico de principios del siglo XVIII, había propiciado que un gran número de pequeños artesanos, agrupados en barrios según sus oficios (sastres, curtidores, tejedores, tintoreros, herreros, ebanistas y orfebres), se transformaran lentamente en pequeños industriales semi-artesanales, es decir, que se convirtieran en pequeños empresarios.

Asimismo, durante el desarrollo económico hasta la década de los setenta, una multitud de tratantes, comprando y revendiendo el producto del trabajo de las hilanderas, tejedoras y encajeras de las aldeas, se habían convertido en grandes mayoristas que, junto a también los grandes comerciantes de vino y ganado, proveían a una multitud de comercios y tiendas.

A todos aquellos miembros activos de la sociedad, había que añadir una multitud de administrativos y funcionarios, así como un gran número de profesionales liberales: médicos, abogados, notarios, arquitectos, registradores, impresores y libreros. Todos ellos relativamente ricos, ilustrados y liberales.

También, muy activos dentro de aquella sociedad, aunque pocos, había grandes comerciantes con ultramar (importadores y exportadores), fabricantes textiles de cierta importancia, así como grandes tratantes de ganado, vino y cereales. Es decir, todo tipo de empresarios, que se habían enriquecido a lo largo del siglo, beneficiándose de un desarrollo notable, tanto del comercio con ultramar, con sus nuevas comunicaciones (barcos, caminos y canales) como de los avances de la industria. Unos y otros formaban ya una incipiente nueva clase social: la clase media y media alta.

Más abajo se encontraban los maeses (los oficiales) y los cofrades, agrupados en gremios, que formaban, junto con los pequeños artesanos, los aprendices, los lacayos y domésticos, lo esencial del pueblo en las ciudades. Estos últimos, muy sensibles a las fluctuaciones de la coyuntura económica, engrosaban, en caso de crisis, la importante masa de desocupados. Esta era la clase media-baja o, en caso de "crisis" baja-baja, de la sociedad urbana.

El campesinado

Como hemos dicho, el campesinado representaba en aquel tiempo el 85 por 100 de la población francesa (y europea). Desde el propietario rural al simple jornalero eran los que realmente alimentaban a todo el reino con su trabajo.

Aquel mundo rural también tenía sus diferentes estratos sociales. Aparte de la nobleza, que nunca aparecía por sus "tierras" (sólo sus administradores), había unos pocos, pero grandes propietarios agrícolas o granjeros que, además de ocuparse personalmente de gestionar y mejorar la producción de sus campos, daban trabajo a muchos jornaleros o financiaban con simientes a otros agricultores para sus futuras cosechas; éstos constituían lo que podríamos llamar la clase media, o media alta, rural.

Sin embargo, la gran masa de "trabajadores del campo" estaba formada por pequeños granjeros, aparceros, jornaleros y cultivadores precarios. Estos formaban la clase rural baja o media baja campesina que se veía obligada a completar sus modestos ingresos con el artesanado rural. Es decir, además de trabajar en sus pequeñas parcelas, la mayoría de ellos tenían que hacer de tejedores, herreros, carpinteros, leñadores, taberneros y posaderos. Por debajo de ellos, había un auténtico sub-proletariado rural, errante de granja en granja, una masa importante de semi-vagabundos que no tenían ni temían nada y que, como los urbanos, cuando estaban desesperados daban miedo.

Es decir, en Francia, a finales del siglo XVIII ya no había una clase alta y una baja; una nueva se había colado entre ellas: la clase media. Y, al aparecer esta, apareció una nueva ideología.

La ideología de la clase media.

Las pretensiones de la clase media y media-alta urbana o semi-urbana se habían acrecentado paralelamente a su fortuna. Como categoría dirigente de la sociedad, desde el punto de vista económico, aspiraba a serlo también desde el punto de vista político y social Anhelaba una transformación política que permitiera agilizar y racionalizar la administración, racionalizar la fiscalidad y participar en el gobierno abriéndolo a la eficacia y al talento. Consciente de valer muchísimo más que los eternos privilegiados, tanto por su cultura como por su laboriosidad, la clase media deseaba que el país se abriera a los nuevos tiempos.

No olvidemos que los hombres, pertenecientes a aquella nueva clase, eran hijos de la "Ilustración". Los filósofos-ideólogos de principios de siglo ya habían cuestionado la concentración del poder en manos de una pequeña minoría, y preconizaban la fragmentación de este "poder" en múltiples poderes, de manera que éstos pudiesen controlarse, moderarse y equilibrarse mutuamente. También anunciaron los beneficios de la libertad y de la tolerancia, reivindicando una igualdad social, al entender que ésta era la ley natural; es decir, estaban por "la soberanía del pueblo". Y, aunque aquella generación de las Luces ya no estaba ahí, pues Montesquieu, Voltaire, Rousseau y Diderot ya habían muerto, su gran máquina de guerra contra el Antiguo Régimen, la *Enciclopedia,* estaba muy viva. Todas aquellas "ideas" se discutían apasionadamente en los círculos sociales, en las academias, en los cafés y en los salones más progresistas. Se hacían debates sobre los derechos de los hombres, sobre su felicidad, sobre la educación del pueblo, sobre los medios de prevenir la mendicidad o reformar el sistema penal, etc., etc. De ahí que la reforma política, de la que tanto hablaban, aspirase a un gobierno responsable y representativo para limitar los abusos y, por tanto, abolir monopolios y privilegios; en resumen, estaban por una sociedad en la cual las claves del poder y de la riqueza fueran la energía y la capacidad individual. Estas eran las nuevas ideas sociales y políticas que estaban en ebullición entre la nueva clase media y media alta ilustrada. Mientras que las clases más bajas, tanto urbanas como rurales, sólo querían pan y vino gratis o, cuando menos, a precios muy asequibles.

En el mundo rural, también los medianos o grandes propietarios agrícolas (las clases medias-altas y medias rurales), influidos por aquellas ideas de la Ilustración, eran favorables a la modernización y racionalización del mundo agrario; estaban en contra de la multitud de impuestos, trabas administrativas, peajes interiores, regulación de precios. Por el contrario, estaban abiertos a todas las innovaciones técnicas y racionales.

Por su parte, la gran masa rural, formada por pequeños y medianos campesinos, aparceros y jornaleros, únicamente anhelaba el desmantelamiento de las grandes propiedades (de los nobles y la Iglesia) para convertirlas en pequeñas unidades, con la esperanza de tener un trabajo estable, sin peajes, impuestos, diezmos ni gabelas, ni demás cargas medievales.

Hemos de tener en cuenta que el campesino medio estaba obligado a entregar a unos propietarios ausentes e improductivos, una cuarta parte de la cosecha, además de pagar por transportar vino o cereal a través de un puente (peaje), y moler el grano en el molino del "señor", etc., etc. (Es como si hoy dijéramos que tenían que pagar los "consumos" de primera necesidad, a compañías semi-monopolios, más del cincuenta por ciento en impuestos). Además, había que añadir el diezmo a la Iglesia, y, sobre todo, los impuestos que recaudaba directamente el Estado: impuesto sobre los bienes (patrimonio), sobre los ingresos (renta) y otro simplemente por ser súbdito (IVA). Es decir, lo mismo que hoy, el trabajador tenía que pagar por todo. Y a aquel expolio se añadía la carga, universalmente detestada, de la milicia como carne de cañón, cuando a los "dirigentes" les parecía que era hora de que se sacrificasen por la patria.

Y, ¿qué querían las clases privilegiadas? Lo de siempre: ¡Que no cambiase nada!

Los privilegiados del régimen

Como dijimos, todas las actividades del comercio y de la manufactura habían florecido durante las primeras décadas del siglo XVIII. Sin embargo, a mediados de los años 70, la economía francesa manifestó claros síntomas de agotamiento. La actividad económica se fue deteriorando hasta ponerse bajo mínimos. Una serie de malas temporadas climatológicas, con sus consiguientes malas cosechas, provocaron, en un país eminentemente rural, una gran miseria en el campo, lo que afectó a la actividad de la producción urbana. Todas aquellas desgracias hicieron que el país entrara en una profunda crisis social y económica.

Aquel "parón", sumado al "enrocamiento" de los poderosos, que no querían ningún cambio, provocaron, al poco tiempo, la ruina financiera del reino. Sin apenas actividad económica, tal como ocurre hoy, los "paganos" de siempre no podían mantener al "Estado".

El enrocamiento de los poderosos

Ante aquella profunda e inesperada crisis económica, Luis XVI, que según los historiadores era una buena persona, aunque débil de carácter, intentó, sin ningún éxito —como veremos a continuación—, convencer a los privilegiados a que se rascaran el bolsillo y contribuir así, a mantener su propia estructura, es decir ¡su propio "momio"! No hubo manera de convencerlos: se negaron rotundamente. De manera que, a aquella crisis financiera, se le unió una crisis "política".

Como los trastornos financieros se agravaban cada día más, y el "reino" se encontraba en situación desesperada, el rey nombró a un economista liberal, Turgot, como ministro de finanzas. Éste propuso que todos contribuyeran al fisco, además de establecer un estricto control de los gastos. Naturalmente, Turgot se topó con una feroz oposición: *"sistema inadmisible de "igualdad" cuyo primer efecto será confundir todos los estamentos del Estado"*, gritaron todos los privilegiados al unísono.

El rey, presionado por la "corte", cedió y Turgot fue destituido. Mientras tanto, la situación económica y financiera del Estado siguió empeorando. Disturbios y motines, debidos a la escasez y la carestía, se extendieron por todo el reino.

El rey, en una acción triplemente vanguardista y atrevida, nombró, como nuevo ministro, a Neker, (plebeyo, extranjero ginebrino y protestante). Éste, como exbanquero que era, sabía, como Turgot, que había que hacer "profundas" reformas, pues el sistema ya no daba más de sí; sin embargo, esta vez intentó presentarlas de una manera menos brusca que su predecesor. Pero, por muy dulcificadas que se presentasen aquellas reformas, seguían afectando principalmente a aquella ociosa e inútil administración (es decir, que afectaba a todos los que vivían a costa del Estado), a la organización social (había que acabar con los privilegios y las castas), y reestructurar las cuentas del Estado (en una palabra: que todos debían, si no "trabajar" sí al menos pagar impuestos).

Para ver si los privilegiados reaccionaban, Neker publicó su famosa *"Rendición de cuentas del reino"* donde detallaba la situación financiera; es decir, de dónde venían los ingresos, y a dónde iban a parar éstos, para ver si se les caía la cara de vergüenza a parásitos. Pero éstos se hicieron los "longuis" y, pensando cómo desviar la atención del pueblo, buscaron un enemigo exterior para culparle de todos los males del reino. De manera que no se les ocurrió otra cosa que presionar al rey para que éste se pusiese al lado de los insurgentes americanos y declarase la guerra contra la odiosa Inglaterra.

Fue así, como presionado por las clases privilegiadas, el reino se vio envuelto en una costosísima guerra (la guerra de la

"Independencia Americana") que, aunque Inglaterra fuera finalmente derrotada (por los insurgentes americanos ¡financiados! por Francia), dejó a Francia aún más arruinada y endeudada de lo que ya estaba.

Ni los privilegiados ni el pueblo se habían enterado de que Neker había financiado aquella guerra a base de "créditos" a altísimos intereses. Al año siguiente, estos (que representaban el 50 por ciento de la recaudación) no pudieron pagarse. Los banqueros de Londres, Hamburgo, Ámsterdam y Viena, considerando que los "bonos" franceses eran "basura", se negaron a otorgar nuevos préstamos.

Neker, que había fracasado como su predecesor, incapaz de seguir con su política de deuda, fue destituido.

El nuevo ministro, Calonne, se encontró con una deuda imposible de pagar y no se le ocurrió otra cosa que recurrir a la "inflación". Se acuñaron nuevas monedas con menor porcentaje de oro y plata (aún no habían "papelitos") y se pusieron en circulación. Al poco, los precios parecieron enloquecer, subiendo de una manera vertiginosa, y el pueblo apenas pudo abastecerse. Todas sus disponibilidades monetarias se destinaban a la alimentación, por lo cual cesaron de comprar cualquier otro producto que no fuera de primerísima necesidad. Entonces, tanto el sector industrial como el artesanal se vieron alcanzados por una crisis de subconsumo. Los stocks aumentaron y los talleres y empresas tuvieron que cerrar sus puertas. Muchos se quedaron sin trabajo y el país se colapsó.

Como aquellas medidas inflacionistas de Calonne fallaron, (como siempre falla recurrir a degradar el valor del dinero) no tuvo más remedio que proponer, como Turgot y Neker, que "basta de privilegios" para evitar la quiebra, tanto la del reino como la de ellos mismos. Es decir: que los privilegiados contribuyeran a salvar al reino si querían salvarse a sí mismos. Para intentar convencerlos, Calonne propuso al rey que convocara una

Asamblea de Notables. Pero éstos se negaron a perder ningún tipo de privilegio. Entonces el ministro propuso al rey que convocase a todo el pueblo (los llamados "Estados Generales") para exponer la "situación" a toda la nación. El rey "tomó nota" de esta osada propuesta, pero destituyó a Calonne y lo envió al exilio por "imprudente".

Esta vez fue nombrado un ministro de la "casa". Es decir, se escogió para tan "delicado" puesto, a un noble, Brienne que, como tal, se había opuesto a la política fiscal de su predecesor.

Mientras tanto, la opinión ilustrada (la clase media con dos dedos de frente), no confiando en la posibilidad de verdaderas reformas por parte del gobierno, se sumó al descontento de las clases populares muy castigadas por la escasez y el aumento de los precios.

Aquel enrocamiento de los privilegiados desencadenó, pues, además de una indignación general, un gran debate político en toda la nación. En las plazas públicas, en los cafés y en los salones, no se hablaba sino de la "revolución" inminente, cuya reivindicación esencial era que se convocase a todo el pueblo (los "Estados Generales") con objeto de suprimir los privilegios y establecer la *igualdad* ante la ley, e instaurar una *monarquía constitucional*, estableciendo así la *libertad política*.

Pero volviendo a las intrigas del "poder", diremos que aquel continuo enfrentamiento con los privilegiados llevó a Brienne a proponer una reforma radical: la creación de una Corte Plenaria de Justicia, independiente de los "privilegiados", (es decir, que dependiese directamente del rey) con poder de refrendar cualquier decisión real por "decreto". Aquello era un verdadero golpe de Estado desde el mismo centro del Estado.

Por supuesto, los privilegiados y todo el "aparato del Estado", utilizando todos sus recursos e influencias, provocaron graves motines que llegaron a convertirse en casi una sublevación. (Hoy dijéramos que los propios políticos, con su demagogia "incendiaron la calle" para que todo el mundo se asustase: o nosotros o el "caos").

Brienne tuvo que ceder; propuso al rey que no había más remedio, tal como había sugerido Calonne, que <u>convocar a todo el pueblo para que todos, nobles, iglesia y "populacho", se pusieran de acuerdo para afrontar aquella grave situación</u> y, a continuación, dimitió.

A los "notables" les pareció que, con su última rebelión, no sólo habían ganado la última baza, sino la partida. Sin embargo, aquello sólo era un efímero triunfo que dejó la puerta abierta a otra (inminente) rebelión "de verdad", que se encargaría de acabar con los viejos privilegios tan tercamente defendidos.

Tras el fracaso de Brienne, el país se encontraba en situación de bancarrota económica, social y política. La necesidad inmediata de encontrar fondos obligó a Luis XVI a volver a llamar al exbanquero Neker con la esperanza de que, a través de sus amistades con la banca internacional, obtuviera fondos como fuera. Sin embargo, Neker sólo consiguió un pequeñísimo préstamo que daba para dos meses de respiro...

De manera que Neker recomendó al rey que convocara urgentemente a los Estados Generales (a toda la nación). Y, efectivamente, se convocaron para el 1° de mayo de 1789.

Capítulo II

Se convoca a todo el pueblo

"¡Llama!, ¿cómo debiste ser,
cuando tus cenizas queman todavía?"

Michelet, *Histoire de la Révolution française*

La convocatoria de los Estados Generales no inquietó a los privilegiados. El restablecimiento de aquella antiquísima institución suponía volver al 1614, cosa que ya les iba bien; en aquella especie de asamblea de carácter feudal regía la fórmula: un "voto por orden". ¡Encantados!, se dijeron, *si cada estamento dispone de un solo voto, el número de diputados con que cuente cada uno de los estamentos carecerá de importancia, ya que la votación final siempre sumará dos contra tres: dos votos de los estamentos superiores* (nobleza y alto clero) *y uno del populacho. Así que: ¡Adelante!"*

Así, pues, el decreto real, convocando los Estados Generales, se difundió ampliamente y fue leído en todos los púlpitos del reino. La campaña electoral (ya que el pueblo tenía que escoger a sus representantes para acudir a la reunión de Versalles), hizo reflexionar a los franceses sobre los diversos problemas que padecía la sociedad, lo que jugó un papel determinante en la formación de una "opinión pública". Los más interesados por los problemas políticos empezaron a reunirse en "clubs" (lo que más tarde serán una especie de partidos políticos), participando activamente en la campaña electoral.

En el mismo decreto de convocatoria, el rey autorizaba a los franceses a presentar por escrito sus ideas sobre lo que, en su opinión, debía "cambiarse". De manera que cada estamento, nobleza, alto clero y el pueblo confeccionaron sus *"cuadernos de quejas"*. Los nobles y el alto clero básicamente insistían en la necesidad de "conservar" las cosas tal cual estaban. La clase media, por el contrario, exigía lo mismo que hoy en día sigue exigiendo: la eliminación de los privilegios, la reducción de los gastos, la bajada de impuestos, el fin de los monopolios, libertad de comercio y de industria y, sobre todo, poder político real para intervenir y controlar la marcha del Estado, y evitar así el saqueo de los recursos públicos. Mientras que las clases más humildes de la sociedad, se quejaban básicamente del alto precio de los arriendos y del pan. Sin embargo, al igual que la clase media, expresaban su aprecio y confianza en que la monarquía les comprendería y atendería a sus reivindicaciones.

LOS ESTADOS GENERALES
La nobleza, el alto clero y el "populacho"

Como estaba previsto, los Estados Generales se reunieron en Versalles el 5 de mayo de 1789. Entraron en la sala 250 diputados vistiendo sus mejores galas: chaquetones profusamente bordados en oro y plata, sombreros de ala y portando todos ellos espada, seguidos por 250 imponentes hombres con sus anillos y sus brocadas capas rojas y violetas y, en último lugar, lo hicieron 500 hombres sobriamente vestidos de negro…

La sesión se inauguró con una misa solemne. El sermón del obispo de Nancy recordó la distinción natural entre los "conductores" y los "conducidos" y el sagrado deber de obediencia. A continuación, el rey pronunció un breve discurso, insistiendo en la necesidad de seguir contribuyendo al fisco, al tiempo que se quejaba del alarmante estado en que se hallaba el país como consecuencia de las "nuevas ideas".

Después de lanzar advertencias contra esas innovaciones, levantó la sesión hasta el día siguiente. Pero al día siguiente el rey no se presentó, pues, tanto la nobleza como el alto clero, se reunieron en una sala aparte para discutir cuestiones de procedimiento y forma de votación. De modo que el Tercer Estado, que desde el principio insistía en que la votación no fuera por orden sino por "cabeza", se encontró con un palmo de narices... Los privilegiados no querían ni sentarse con la "chusma", si ésta no aceptaba un voto por cada "casta".

LA "ASAMBLEA NACIONAL"
El Parlamento

Tras varias semanas de negociaciones infructuosas, el tercer estado finalmente decidió reunirse por separado e invitó a los dos estamentos privilegiados a unirse a él. Se incorporaron algunos elementos de la nobleza y, sobre todo, del clero. De manera que, el tercer estado, se vio considerablemente aumentado: ahora eran, claramente, "amplia mayoría".

Después de pasar lista, se declararon "representantes de la nación", constituyéndose en una asamblea que denominaron **Asamblea Nacional**, declarando que el rey no tenía derecho a vetar sus decisiones. Así comenzó la primera etapa pacífica de la Revolución de la clase media.

Ahora bien, tres días más tarde, cuando la nueva Asamblea iba a reunirse, se encontró con las puertas cerradas del salón de sesiones (con la típica excusa de que había que hacer reformas). Los diputados no se amedrentaron; se trasladaron a una estancia próxima, una especie de frontón, y allí pronuncian el solemne juramento de no abandonar la sala hasta concluir la elaboración de una "**Constitución**" para Francia.

Ante aquel nuevo desafío, el rey decidió tomar enérgicas medidas. Convocó a todos (a los tres estamentos) a una reunión en el mismo frontón; pero, esta vez, su discurso subió de tono: dio por ilegales todas las decisiones tomadas por el *tercer estado* y ordenó la disolución inmediata de la Asamblea Nacional y la vuelta al sistema de estamentos.

Gran parte del clero y de la nobleza obedecieron al rey y abandonaron la sala, pero los representantes de los no-privilegiados, como protesta, permanecieron en silencio en sus asientos. Al ver que la Asamblea no se disolvía, el maestro de ceremonias reiteró la orden real y un diputado del pueblo contestó: *"Vaya y diga a su señor que nosotros estamos aquí por la voluntad del pueblo y sólo la fuerza de las bayonetas nos puede arrojar de aquí".*

El rey no se atrevió a emplearlas y cedió. Al día siguiente la mayoría del clero se pasó a la autoproclamada Asamblea Nacional y tres días más tarde un grupo de nobles. (Como siempre, algunos por convicción ante la situación irreversible de los tiempos y, la mayor parte de ellos, para arrimarse al, más que probable, vencedor) Esto hizo que el rey no tuviera más remedio que sancionar (aprobar) los hechos: ordenó al resto del clero y a la nobleza que se unieran a ella. Había terminado el primer acto de la Revolución. <u>Un acto incruento</u>: la victoria de la clase media.

Sin embargo, a partir de aquel momento la Revolución siguió una dinámica que ninguno de sus protagonistas podía prever…

La Asamblea Constituyente

La nueva "Asamblea", compuesta ya por elementos de los tres órdenes, decidió por votación autoproclamarse **Asamblea "Constituyente"**, e inmediatamente se puso a trabajar en la redacción de una *Constitución…*

LA REVOLUCIÓN DEL "POPULACHO"

Recordemos que la Asamblea Constituyente (de la "clase media") inició su andadura en medio de una grave crisis económica. Penuria, escasez de alimentos y subida de precios, desesperaban a las clases populares. Motines y disturbios se producían por toda la nación. Mientras que el rey se encontraba cada vez más presionado por sus "consejeros" que le insistían en que había que acabar con toda aquella "locura". El monarca dudaba; no sabía que hacer... Según los historiadores, parecía que él estaba dispuesto a transigir una vez más, pero, con su consentimiento o sin él, el núcleo "duro" había decidido disolver la Asamblea por la fuerza. De manera que un grupo de tropas reales comenzó a avanzar hacia Versalles, mientras otro se acantonaba discretamente a las puertas de París, mientras que Neker, el ministro partidario de las reformas, era destituido por segunda vez.

La noticia (la destitución de Neker) corrió por todo París; aquel cese se consideraba como prueba de que se estaba gestando un "complot reaccionario", y una gran manifestación de protesta se extendió por todas las calles de la capital. Es decir, esta vez no se soliviantaba la clase media; <u>esta vez entraban en acción los estratos más bajos y violentos de la sociedad</u>. Se empezó con esporádicos enfrentamientos con tropas reales de la ciudad, pero, poco a poco, las masas parisienses, armadas con picas y piedras, se fueron haciendo con el control de los barrios. Todo el pueblo de París estaba movilizado y expectante. Temían que el grueso de las tropas reales asaltase la ciudad. Así que los hombres comenzaron a levantar altas barricadas, mientras las mujeres amontonaban grandes adoquines en los tejados para arrojarlos contra los soldados reales. Al poco, comenzó a correr el rumor de que la Bastilla, la vieja fortaleza medieval, que venía siendo utilizada como prisión, se disponía a disparar sus cañones. Entonces, una muchedumbre enfurecida se dirigió a la fortaleza, dispuesta a asaltarla. Después de varias horas de sangriento asedio, el comandante de la prisión fue muerto y la guarnición se rindió. Se había tomado la Bastilla por la violencia.

Francia en llamas. Fin del feudalismo

La caída de la Bastilla supuso el comienzo de la insurrección general. Hasta entonces, los múltiples motines y enfrentamientos, debidos a la escasez, habían sido aislados; esporádicos focos aquí y allá, pero, a partir de aquel momento, la mayoría de las ciudades y pueblos de Francia comenzaron, con inusitada rapidez, a imitar a la capital. La revolución, versallesca al principio y luego parisina, ¡se hizo nacional!

El temor a una violenta reacción de los privilegiados hizo que los campesinos (que conocían bien en sus carnes cómo eran los "enfados" de los "señores"), no estuvieran, esta vez, para recibir palos, sino para darlos. La sacudida de París había despertado al campo. Exigieron a los "señores" que les entregasen los supuestos documentos en los que se basaban sus derechos feudales para destruirlos. Al resistirse o simplemente no entregarlos por carecer de ellos, los campesinos enfurecidos incendiaron sus mansiones y castillos, asesinando a muchos "señores". Un gran pánico cundió por todo el país.

Comenzó entonces la huida en masa de los nobles al extranjero, hecho que traería grandes consecuencias. Pero, aquella espantada fue, para artesanos y comerciantes, catastrófica: al desaparecer los "pudientes" desaparecieron los encargos de artículos de lujo. Los pocos talleres, que aún quedaban abiertos, cerraron. Aumentó el paro, bajaron los salarios, mientras que la revuelta de los campos, agravó la escasez de alimentos. El país quedó paralizado…

De manera que, para solucionar aquella falta de suministros alimentarios, primero había que tomar medidas para restablecer la paz en los campos. Y la única medida posible y necesaria era la abolición inmediata de los derechos feudales, tan insistentemente reclamada en los *cuadernos de quejas* por parte de los campesinos.

Así, pues, en un clima de entusiasmo patriótico, la Asamblea Nacional aprobó una serie de medidas para acabar con el régimen feudal; se suprimieron todas las prestaciones personales; se suprimió cualquier tipo de dispensa fiscal, es decir, se estableció la igualdad ante el impuesto y se proclamó el fin de cualquier tipo de privilegio. Aquel día murió la Francia feudal y nació la Francia moderna. Pero, no nos engañemos, los privilegios, como veremos, no desaparecieron y aún no han desparecido...

Mientras tanto, el rey, desbordado por los acontecimientos, ordenó la retirada de las tropas, y Necker fue restituido (por tercera vez) en su cargo. Hubo una tregua, y días más tarde la Asamblea Nacional aprobó su programa ideológico: la *"Declaración de los Derechos del hombre y del Ciudadano"*.

En la base de aquella **Declaración** había dos nociones interconectadas: la *autonomía* del individuo y el *contrato*; aspectos fundamentales de la filosofía de la Ilustración y, por consiguiente, del pensamiento de la clase media liberal.

1º. La *"autonomía"*, que venía de la convicción de que el individuo tenía que constituir un "absoluto" y, por tanto, él y únicamente él, es el que tiene que encontrar por sí mismo su principio y su fin, mientras desarrolla su actividad económica y profesional, en una sociedad de "intercambio".

2º. El *"contrato"*, porque no ha lugar a estos "intercambios" si los individuos no son dueños (*propietarios*) de sus cosas y, por tanto...

3º *libertad* (es decir: que no estén condicionados ni presionados) para aceptar, o no, el intercambio de lo que es suyo.

Libertad, *igualdad* y *propiedad* eran, por tanto, los principales *derechos* del hombre. Esta era la "filosofía" política de los revolucionarios ilustrados.

Meses más tarde, aquella Asamblea dio una **Constitución** descentralizadora y liberal, que aseguraba —según ellos para siempre jamás— los derechos naturales de los individuos, tales como los había concebido la filosofía del siglo: libertad individual, prosperidad, tolerancia intelectual y religiosa, igualdad de derechos, y obligatoriedad de que todos los impuestos fueran votados y aprobados por asambleas periódicas en las que participase activamente el pueblo.

La **Declaración** y la nueva **Constitución** tuvieron una gran trascendencia internacional. Por todas partes comenzaron a surgir grupos contra las monarquías y los privilegiados. Pero, ¡ojo!, aquel "contagio" también provocó una reacción inmediata, es decir, un movimiento contrarrevolucionario, que también se extendió por toda Europa.

El "pueblo" hace sentir, una vez más, su voz…

Mientras tanto, el hermano de Luis XVI, que había huido de Francia junto a otros muchos nobles, intentaba movilizar a las cortes europeas contra la Francia revolucionaria (cosa que era cierta). De manera que, en París, comenzó a correr el rumor de que una intervención extranjera pretendía acabar con la Revolución. Entonces, una muchedumbre enfurecida se dirigió a Versalles, sitiando el palacio real y obligando al rey a trasladarse a París, donde quedaba bajo vigilancia popular, impidiendo así su huida al extranjero, al tiempo que se le "aislaba" de las malas influencias de la corte.

Por su lado, la Asamblea, que ya nada tenía que hacer en un Versalles desierto, se trasladó a París para reanudar sus sesiones…

Sin embargo, aquellas "intervenciones" (o "iniciativas") de las clases más bajas, empezaron a inquietar a los nuevos diputados (a la Asamblea Nacional); el creciente protagonismo del "populacho" les asustaba. La mayoría de ellos consideraba inaceptable que las cuestiones "constituyentes" se vieran "resueltas" por la presión de la plebe ignorante. Pensaban que el parlamento estaba cayendo en manos indignas. Y ese temor, ante la impaciencia que mostraban los más desfavorecidos, tuvo como consecuencia la aprobación de una ley que autorizaba a la Asamblea el uso de una fuerza armada (que se llamaría "Guardia Nacional"), para sofocar las revueltas populares y otra (la famosa ley "Le Chapelier") que prohibía cualquier tipo de asociación reivindicativa. (Esta ley estuvo vigente 75 años)

Sin embargo, a pesar de aquellas dos leyes tan restrictivas, durante el período constituyente se aprobaron otras de gran alcance histórico que dejaron constancia del sincero espíritu reformista de la Asamblea. Aparte de la Constitución misma, se procedió a una organización administrativa general. Se sustituyó a la tradicional fragmentación del país, con todos sus vestigios feudales, por una nueva organización territorial que hoy aún dura. Asimismo, se organizaron los tribunales y se puso fin a la diferenciación social por estamentos, suprimiéndose todos los títulos nobiliarios. Se creó un sistema fiscal que afectaba a todos por igual, al tiempo que se aprobaban una serie de leyes que abolían las trabas existentes, tanto para la iniciativa privada como para la libertad industrial y mercantil. Se unificaron los pesos y medidas y se suprimieron todos los peajes y aduanas interiores que afectaban a la libre circulación de mercancías por todo el país. El país se racionalizó y unificó.

Los asignados y la hiperinflación

En cuanto a la Iglesia, la Asamblea aprobó la llamada Constitución Civil del Clero, por la cual sus miembros pasaban a formar un cuerpo de funcionarios, como los jueces y diputados, cuyos miembros debían ser designados por los electores. Y con el fin de conseguir dinero para el erario público, los bienes de la Iglesia y de los nobles emigrados fueron confiscados y puestos a la venta como "bienes nacionales". La banca, previendo que esto produciría grandes ingresos, adelantó dinero al Estado. Pero, el gobierno, considerando que aquel adelanto de la banca no sería suficiente para cubrir sus necesidades, emitió unos "billetes" (papelitos), llamados *asignados*, para que con ellos se pudieran comprar dichos bienes. El gobierno había previsto que, a medida que estos se fueran poniendo en circulación, aquellos "papelitos" se irían destruyendo. Pero no se hizo así. No pararon de darle a la "maquinita de hacer papeles" y como (está ocurriendo hoy en día) se emitieron sin control, pensando que se había encontrado la solución a todos los problemas económicos; pero al poco tiempo aquellos "papelitos" fueron perdiendo todo su valor, y el país se empobreció aún más si cabía...

A pesar de aquel, y tal vez el único, error económico, todas aquellas reformas y avances se hicieron increíblemente deprisa. ¡Tan sólo cinco meses transcurrieron entre los Estados Generales y la venida del rey a las Tullerías! Fueron los más importantes de la Revolución y, tal vez, de la historia de Europa. Pero, al poco, los acontecimientos se sucedieron de una manera tan vertiginosa que acabó desmadrándose todo… Y aquellos hombres, pertenecientes a la clase media ilustrada, no estaban preparados para semejante aceleración. Pensaban, quizá ilusamente, que se podía hacer una "revolución" pacífica. No habían contado con la violencia: ni la de los más exaltados ni la de los inmovilistas. No habían ni siquiera imaginado por qué derroteros tan difíciles iban a ser llevados, ni qué sangriento iba a ser su camino.

Para los asambleístas, si bien siempre fueron conscientes de lo difícil que sería luchar contra la vieja "casta", aquel encuentro no previsto con las clases populares les produjo una auténtica sorpresa. Para aquellos idealistas liberales, conscientes de los sacrificios, esfuerzos y tiempo que requiere la creación de riqueza, las reivindicaciones de los más impacientes anunciaban tiempos difíciles. Para aquellos hombres de ley, de procedimiento y de austeridad, la violencia y el sangriento despertar de un pueblo analfabeto fue un descubrimiento muy amargo.

Sin embargo, también se dieron cuenta de que su única posibilidad frente a la resistencia de la vieja casta política, era la de aceptarlo todo en bloque: lo sensato y lo insensato, lo realista y lo utópico, lo viable y lo inviable, pues, si querían fundir todo ello en un mismo torrente que pudiese hacer una profunda "limpieza", había que empezar por abrirse a todo. De manera que aceptaron acelerar el ritmo de la revolución, ya que la intervención popular exigía ir más deprisa (los unos querían, libertad, tiempo y esfuerzo y austeridad para crear riqueza, y los otros querían que la riqueza, aunque no estuviese ya conseguida, fuera ya redistribuida.)

Se había acabado, pues, la revolución "reformista" de los hombres "ilustrados", la de la clase media sensata, la de los nobles sinceramente liberales y la de los eclesiásticos más humanos, y se entró en algo no previsto...

Capítulo III

La República popular

"¿Queréis revolución sin revolución?"

Robespierre

Ya hemos visto que, junto a la opinión "ilustrada", había cristalizado otra mentalidad —con la que había que contar— mucho más revolucionaria y radical. Los campesinos lo dejaron muy claro cuando impusieron con "hechos" la abolición de los derechos feudales, y cuando el pueblo de París asaltó el palacio de Versalles, llevándose al rey y a su familia a París para tenerlos "controlados". Aquella imprevista fuerza resultaba más difícil de lidiar que la antigua casta política. La Asamblea podía legislar todo lo que quisiese, pero hacía falta que sus leyes fuesen aplicadas y obedecidos sus decretos y no siempre era así; la Asamblea se sentía acosada tanto por la derecha contra-revolucionaria como por la izquierda ultra-revolucionaria. ¡Qué difícil y estrecho ha sido siempre el camino del medio!

Y, en medio de aquella situación tan delicada, un nuevo e inesperado drama acabó con aquel Parlamento desbordado por la "calle". Veamos lo que sucedió…

Desde que el rey fuera obligado por la muchedumbre a trasladarse a París, éste centró todos sus esfuerzos en intentar salir de Francia para reunirse en el extranjero con los nobles emigrados y solicitar la ayuda de las monarquías europeas para una intervención armada. Es decir, que un "padrecito" amante de su pueblo, "que todo lo hacía pensando en su bien", conspiraba para que extranjeros defendieran su propio "momio" a cañonazos. Todos los grandes "padrecitos" han hecho y harán lo mismo: sacrificar a los que hagan falta por el propio "bien del pueblo"...

Y así fue: una noche el rey y su familia lograron eludir la vigilancia y salieron en secreto del palacio (de las Tullerías) dirigiéndose a la frontera, donde un destacamento de tropas reales se había concentrado discretamente.

Durante el trayecto el rey fue reconocido en varios lugares sin que nadie osara denunciarlo. Pero al llegar a Varennes (una pequeña población cerca de la frontera alemana) un funcionario de postas tuvo la audacia de detener el carruaje real e impedirle el paso. A la voz de alarma, acudió la Guardia Nacional (la milicia de la Asamblea) mientras se concentraban todos los lugareños cercanos y, en medio de un gran tumulto, el rey y su familia fueron devueltos a París.

La indignación popular fue enorme. El enfurecido pueblo salió a la calle y la Guardia Nacional (que, recordemos una vez más, dependía de la misma "Asamblea" o Parlamento), abrió fuego causando un gran número de muertos y heridos.

Aquella tragedia provocó, primero, la división y, después, el enfrentamiento entre las diversas tendencias políticas del Parlamento, que supuso el fin de la Asamblea *constituyente*. Además, ya que ya había una Constitución, el pueblo consideró que su trabajo había terminado; aquella Asamblea debía disolverse y sus diputados volver a casa... Muchos se retiraron, pero los más ambiciosos de poder, esperando una nueva "oportunidad", volvieron a sus clubs políticos, para, desde allí, hacer "política".

EL NUEVO PARLAMENTO
(derecha, izquierda y liberales)

Hombres nuevos fueron elegidos para una nueva Asamblea, que se llamaría *legislativa*. En su mayoría eran jóvenes, con poca experiencia política, idealistas, pero aún más revolucionarios que los constituyentes.

El nuevo Parlamento (la Asamblea "legislativa") estaba compuesto por un pequeño grupo de diputados partidarios de una monarquía constitucional, partidarios de volver al orden y, con lo ya conseguido, ponerse nuevamente a trabajar. Podríamos decir que estos representaban la derecha revolucionaria.

También había otro pequeño grupo, pero muy activo, de idealistas y utópicos, partidarios de continuar con la Revolución. Se situaron en los bancos de la "izquierda" en la parte más alta de la Cámara; de ahí su nombre de "*montañeses*". Hoy diríamos que eran los representantes de la izquierda.

Entre aquellos dos grupos, con intereses tan enfrentados, se situaban los pragmáticos liberales; defensores del liberalismo económico y, por ello, enfrentados a los que exigían una economía reglamentada y más Estado, como proponían los utópicos de izquierda, pero coincidentes con los primeros (con la derecha), ya que ellos también consideraban que la Revolución había terminado con la Constitución y con la nueva Administración que por fin racionalizaba el Estado.

Y, entre aquellos tres grupos (derecha, izquierda y liberales), aun había dos grupos más: una masa de diputados sin clasificar y, más a la izquierda que nadie, otros diputados muy, muy, exaltados.

Se radicaliza la Revolución

Pero aquella Asamblea (o Parlamento), aparte de enfrentarse a los múltiples problemas económicos, tanto del propio Estado como de la sociedad, su principal preocupación iba a ser, para sorpresa suya, la política exterior. Ésta marcaría la radicalización de la Revolución.

El duque de Brunswick (Alemania), comandante en jefe de los ejércitos prusianos, había hecho público un manifiesto en el que amenazaba con "arrasar París" si la familia real sufría algún daño y si no se restauraba el poder de la monarquía francesa, al tiempo que su ejército, junto a unas milicias de emigrados franceses, comenzaban a avanzar desde Coblenza hacia París.

Aquel "manifiesto" prusiano confirmó todas las sospechas sobre el rey con sus "aliados" exteriores. Se organizó entonces un amplio movimiento popular, cuyo poder iba a desbordar al propio Parlamento. El pueblo de París creó un Comité Municipal Revolucionario, llamado *Comuna*, exigiendo en primer lugar la destitución del rey y el fin de la monarquía, ¡ya!

Ante aquellas exigencias, el Parlamento, en un intento de defender ¡su autoridad! dijo que su iniciativa política no podía verse afectada por la presión popular. *"De acuerdo —*contestó la Comuna— *pero si los señores diputados no se ponen de acuerdo para derrocar ¡ya! a la monarquía, nosotros mismos tomaremos por asalto el palacio de las Tullerías."*

Y, en efecto, a los pocos días el populacho tomó el palacio. Pero el rey y su familia ya no estaban allí; el día anterior se habían refugiado en el Parlamento (en la Asamblea) pidiendo protección.

Tras intensos debates en el Parlamento, el rey fue despojado de sus funciones y recluido, junto a su familia, en la Torre del Temple.

Derrocada la monarquía, se tomaron urgentes medidas para prevenir la temida reacción de los monárquicos, que aún había muchos en el interior, así como el avance de las tropas prusianas. Así, pues, a la amenaza interior se le sumó la amenaza exterior.

Bajo la presión de la "Comuna", el Parlamento accedió a constituir un "tribunal extraordinario" —por supuesto, bajo el control de la Comuna, es decir, bajo el control del populacho— para efectuar, a discreción de ésta, registros domiciliarios a cualquier sospechoso de "contrarrevolucionario". 3.000 "sospechosos" fueron detenidos, de los cuales 1.500 fueron ejecutados. Esto fue el principio de lo que sería la "justicia popular".

En cuanto a la amenaza exterior, el ejército revolucionario, después de una serie de derrotas, obtuvo finalmente una gran victoria cerca de la frontera. Desde entonces, Francia dejó de estar a la defensiva y las milicias populares comenzaron a ser temidas en toda Europa.

Con la caída de la monarquía, y a pesar del respiro que supuso las primeras victorias, el Parlamento "legislativo", ninguneado cada vez más por la Comuna, se acabó disolviendo. Había que comenzar de nuevo y, ante todo, elaborar una nueva Constitución "republicana".

LA CONVENCIÓN

Menos "Libertad", pero más "Igualdad"

Lo primero que hizo el nuevo Parlamento, que a partir de ahora se llamó **"Convención"**, fue abolir oficialmente la monarquía y proclamarse "republicano" y, en segundo lugar, ordenó que, a partir de aquel momento, todas las actas y los documentos oficiales serían fechados con la indicación: "Año I de la República Francesa". Llegamos, pues, a la cumbre de la Revolución Francesa.

Recordemos que, si el 14 de julio (cuando fue tomada la Bastilla) llegó la *libertad,* el 22 de septiembre llegó la República bajo el signo Libra, es decir, bajo el signo de la *Igualdad.*

Si al principio fue la Libertad, e igualdad de condiciones para poder ejercer esta libertad, a partir de aquel momento entró con irresistible ímpetu la *Igualdad,* no sólo de derechos y oportunidades sino de "disfrutes". Y, como todo nuevo pensamiento o idea, necesita un sitio donde desarrollarse, lo primero que hizo la Convención fue buscar donde alojarse. Se optó, con toda la intención del mundo, por el que, hasta hacía poco, había sido el palacio real en París, las Tullerías, rebautizado como "Palacio Nacional" (o Palacio del "pueblo").

La Convención celebraba dos sesiones; una de día y otra de noche. Los comités se reunían en unas estancias próximas al gran salón de sesiones. Una de aquellas salas anexas se llamaba pabellón "Igualdad", donde se reunían los comités de Legislación, de Agricultura y Comercio y en otra sala, llamada "Libertad", trabajaban el comité de la Marina, el de las Colonias, el de Hacienda, el de Asignados y, finalmente, otro llamado de "Salvación Pública".

Un Comité, llamado de Seguridad General (la policía interior), se comunicaba directamente con el de Salvación Pública por un corredor, que un pebetero iluminaba día y noche; corredor en el que se hablaba en voz muy baja y por el que iban y venían los espías de todos los partidos.

El gran salón de sesiones, que fue pintado de gris por el gran pintor David, era violento y rudo, por lo que tenía de macizo, recto y esquinado. Parecía como si en aquellos momentos tan excepcionales, se tomase por bello lo simétrico; como si se tuviese que acabar, de una vez por todas, con las pasadas orgías deslumbradoras de forma y color del barroco siglo XVIII. El arte se puso a dieta, y sólo se consintió la línea recta: aquel salón daba escalofríos. Pero cuando uno se fijaba en lo que ocurría sobre el escenario, poco importaba el decorado. Nada más desmedido, nada más loco, nada más extremo, pero nada más extraordinario:

un combate de titanes, chillándose, insultándose, amenazándose, enfrentándose y luchando sin remilgos ni piedad...

A la derecha, y en la parte alta de la sala, estaban los soñadores, una legión de pensadores idealistas de la "*libertad*"; a la izquierda, también en lo alto, los utópicos de la "*igualdad*", a los que todos temían…

En los bancos inferiores, con cara de espanto ante tamaño espectáculo, se agrupaba una oscura multitud de hombres anónimos, denominados *la "Llanura"*. Allí estaba todo lo que vacila, lo que duda, lo que retrocede, lo que aplaza, temerosos los unos de los otros. Si los paladines de la *libertad* eran gente selecta, si los utópicos de la *igualdad*, aunque feroces, también lo eran, la Llanura estaba compuesta por una muchedumbre tanto de héroes como de cobardes…

Pero más debajo de todos ellos estaba lo que se denominaba *el "Pantano"* lleno de reptiles. Allí se encontraba la rebelión por la rebelión, el egoísmo, el interés, la bajeza y la traición. Sin embargo, el desenlace de las votaciones dependía de ellos, ya que, cobardemente, se inclinaban siempre al lado de la causa que según creían iba a ganar. Todo lo sostenían hasta el instante oportuno para derribarlo; tenían el instinto de dar el golpe decisivo a todo lo que parecía que vacilaba... Formaban el número, la fuerza y el miedo. Por eso allí, sobre el escenario, se desarrollaron grandes tragedias, cuya trama siempre era obra de gigantes, pero cuyo desenlace acababa en manos de enanos. De ahí aquellos terribles tiempos que se vivieron…

Es decir, junto a unos hombres agitados por las pasiones, se encontraban también muchos soñadores; junto a los más belicosos, que exigían el cadalso, había quienes proponían la abolición de la pena de muerte. Junto a los que combatían a gritos, había los que meditaban en silencio; a aquellos les preocupaba la guerra, a estos la paz; junto al cerebro que meditaba cómo hacer más fiero y eficaz al ejército del pueblo, estaba otro que meditaba acerca de una federación democrática universal. Es decir, en medio del tumulto de oratorias furiosas, de gritos, insultos y aullidos, se escondían silencios fecundos. Había quien barruntaba en su pensamiento una educación pública nacional, mientras ideaba las escuelas de primera enseñanza. También había aquel que, meditabundo, elevaba la filosofía a la dignidad de religión. Mientras que otros se dedicaban a resolver cuestiones menos "sublimes" pero más prácticas: se estudiaban los medios de sanear los hospitales; la supresión de la prisión por deudas; la organización de los archivos o la creación de un gabinete de Anatomía y un Museo de Historia Natural, como había quien intentaba organizar la navegación fluvial o construir nuevos canales y presas. Y en cada extremo, los que tenían la vista fija en el "derecho", y los que la tenían sobre el "deber".

En aquellos bancos se oían terribles palabras; palabras que, sin ni siquiera darse cuenta el que las pronunciaba, poseían el acento fatídico de las revoluciones. Se cruzaban insultos contra insultos: ¡Traidor! ¡Conspirador!, ¡Asesino!, ¡Facineroso!, ¡Malvado!, ¡Pusilánime!, ¡Sinvergüenza!, ¡Ladrón!, ¡Payaso!... Menudeaban los apóstrofes, las injurias, los desafíos, las miradas furiosas; se enseñaban los puños, se hacían entrever las pistolas, y medio se extraían los puñales de sus vainas. Así, una palabra era suficiente para provocar una avalancha y desencadenar una tragedia.

Pero aquella Convención, al mismo tiempo que desprendía "revolución", desarrollaba "progreso"; era "horno", pero también "fragua"; en aquella caldera bullía el terror, pero fermentaba civilización. A través de aquel caos de negrura y de aquella tumultuosa exhalación de nubarrones, aparecían inmensos rayos de luz que han permanecido bien visibles en el horizonte de todos los pueblos: humanidad, bondad, justicia, tolerancia, razón, verdad y amor. La Convención consideraba sagrada la indigencia, sagrada la enfermedad del ciego y del sordomudo, convirtiéndolos, tanto a los unos como a los otros, en pupilos del

Estado; sagrada la maternidad de la madre soltera, a la que suministraba consuelo y ayudaba; sagrada la infancia en el huérfano, ahijado de la patria; sagrada la inocencia del acusado absuelto, a quien se indemnizaba. Asimismo la Convención declaró la instrucción gratuita; formalizó la educación nacional por medio de la Escuela Normal de París, a través de la Escuela Central en la capital de cada distrito y de las escuelas primarias en cada pueblo; creó los Conservatorios y los Museos; decretó la unidad de Códigos, de pesas y medidas y de cálculos, para un sistema decimal; puso en marcha el telégrafo, a la ancianidad le dotó de hospicios, a la enseñanza superior le dio la Escuela Politécnica, a la ciencia la "sección de longitudes", y al espíritu humano el Instituto. De los once mil doscientos decretos que expidió, la tercera parte tenía un ideal político, pero, las dos terceras partes restantes, un objetivo humano. **Declaró la moral como la base de la sociedad y, la conciencia, como la base de la ley**, y la Convención hizo todo eso teniendo en sus entrañas la hidra de la contrarrevolución interior y a sus espaldas una jauría de cortes europeas al acecho.

Existía en la Convención una voluntad, que era la de todos y no era la de nadie; era aquella "idea", indómita y desmesurada, que llamamos "Revolución". Hundía a unos, elevaba a otros… No sabiendo, bien, bien, adónde iba, empujaba al abismo a todo lo que se oponía a ella… Así de "total" era la Convención; a la vez Senado y taberna, cónclave y burdel, tribunal y reo…

Y, en medio de aquellas tempestades, llegó el día que la Convención (presionada por el pueblo) se pronunció por la culpabilidad del rey. Luis XVI fue guillotinado.

La ejecución de Luis XVI provocó una oleada de estupor en toda Europa y, a la coalición de prusianos y austríacos contra la Francia revolucionaria, se sumaron nuevos aliados: España, reino de Nápoles y, sobre todo, Inglaterra. El curso de la guerra comenzó a cambiar y los franceses acumularon derrota tras derrota.

El anuncio de un reclutamiento forzoso, provocó la rebelión de los campesinos que se alzaron en armas. Es decir, los descalabros bélicos se agravaron con una guerra civil. Esto agravó la tensión entre los moderados y los utopistas, ya que el populacho iba adquiriendo cada vez más protagonismo exigiendo medidas drásticas contra la escasez y la carestía: control de precios, racionamiento, dura legislación contra acaparadores de alimentos y requisa de los mismos para su distribución gratuita.

Los moderados (los liberales), debilitados políticamente en la Convención, intentaron tomar la ofensiva contra los utópicos, acusándoles de incurrir constantemente en la *ilegalidad constitucional* y de aspirar a la dictadura si accedían a las demandas del populacho. Frente a aquellas acusaciones, los utopistas respondieron:

"¡Pues claro que es inconstitucional y, por lo tanto, ilegal; pero tan ilegal como lo es la Revolución misma, tan ilegal como fue la caída del Trono y de la Bastilla; tan ilegal como fue luchar por la propia Libertad! Todo ha sido ilegal desde el principio: no se puede querer una revolución sin revolución".

El pueblo, entusiasmado con tales arengas, rodeó la Convención, y los moderados (los liberales) fueron arrestados.

Por primera vez, desde que comenzó la Revolución francesa, una insurrección popular desplazaba del poder a un partido elegido por los votantes. Los liberales, los que creían en la Libertad para pensar, decidir, contratar y ganarse la vida en igualdad de condiciones, desaparecieron. Doscientos años después, sus escaños siguen vacíos… Apenas hay liberales.

Así, pues, después de las primeras experiencias de la Libertad, comenzaron las primeras experiencias de la Igualdad.

Capítulo IV

La Revolución utópica
(¿UN ESTADO TOTAL?)

"Un gobierno republicano tiene como principio,
o la virtud o el terror.
¿Qué quieren los que no quieren
ni virtud ni terror?"

Saint-Just

Eliminados de la Convención los elementos que defendían la *libertad*, quedaron los que defendían la *igualdad*. Y lo primero que hicieron fue instaurar una economía dirigida. Se estableció un rígido control de precios, fijando un *"máximum"*, tanto para las mercancías de primera necesidad como para los propios salarios. Se racionó el pan (es decir, se "repartió" la miseria en vez de facilitar la creación de riqueza) y se municipalizaron las panaderías. Y, para hacer frente a las necesidades de suministros de los ejércitos, se requisaron alimentos y materias primas por todo el país y se crearon fábricas de armamentos y municiones bajo su estricta dirección.

En realidad, el impulsor de aquel Estado Total no fue la Convención sino el gobierno paralelo del **Comité de Salvación Pública**, que se había auto-proclamado dictatorial y ultra-revolucionario hasta lograr la victoria total sobre cualquier enemigo. Aquel Comité, que era el que realmente "mandaba", se hizo con el control estricto del país, no tolerando más insurrecciones ni disensiones. (Así acaban "funcionando" todas las utopías: una vez en el poder, como ellos saben más que el pueblo qué es lo que éste realmente quiere, no toleran la más mínima queja)

Naturalmente, para poder tirar adelante aquellas medidas tan restrictivas, la represión tuvo que agudizarse. Se creó una nueva ley que daba plena discrecionalidad a los tribunales, llamados del "pueblo", para todos aquellos que se resistiesen a sus decisiones, o simplemente que se quejasen, pudiesen ser condenados por anti-revolucionarios sin necesidad de interrogatorio ni defensa alguna, basándose únicamente en pruebas "morales". 10.000 franceses, que no fueron encontrados "puros", pasaron por la guillotina.

Según aquella sociedad utópica, los hombres tenían que limitarse a lo imprescindible: una alimentación básica y unas ropas sólidas para el trabajo; un alojamiento, una instrucción elemental y un arte de curar al alcance de todos. Lo superfluo tenía que ser descartado para que el porvenir, según ellos, quedase garantizado. La "felicidad" que vislumbraban, obsesionados por la "*igualdad*", era que todos tuviesen poco, pero lo mismo. Al igual que Rousseau, apreciaban a la "honrada mediocridad", salvaguardia de las buenas costumbres. Según ellos, el lujo era el corruptor. Y el Estado era, precisamente, el agente de transformación y de promoción de aquella felicidad pública basada en la virtud de los ciudadanos.

Es decir, la "virtud" les proporcionó los argumentos para justificar su terrible represión. Preferían el estancamiento de las energías productivas y creativas de la sociedad, y la penuria general, antes que el desarrollo y la abundancia corruptora. De manera que de la necesidad hicieron virtud.

Pero como los tiempos no estaban maduros (ni nunca lo estarán) para la igualdad perfecta, hubo que recurrir a la violencia, ya que ésta es inevitable cuando se intenta forzar a que lo utópico se haga real.

De manera que la Libertad, Igualdad y Fraternidad, que habían sido miradas como el principio de todo bien, acabaron siendo, por culpa de aquel Estado total e intransigente, una fuente inagotable de crueldad, despotismo y corrupción.

El fin de los utópicos

En medio de aquel clima de terror, llegaron los primeros éxitos militares. El ejército austriaco fue expulsado de territorio francés y dos semanas después las tropas francesas entraban en Bruselas. Los ingleses también fueron expulsados de Tolón en una brillante operación en la que comenzó a distinguirse un joven capitán llamado Bonaparte.

Aquel cambio favorable de la situación exterior llevó a muchos franceses al convencimiento de que ya era innecesario seguir soportando aquel gobierno dictatorial del Comité y su "disciplina" impuesta a base de Terror. Todo lo que la nación había aceptado para salvar a la amenazada Revolución parecía ahora inaceptable, al considerar que la victoria de los ejércitos franceses había alejado la única real amenaza.

Sin embargo, los utopistas más fanáticos consideraban que ni la Revolución ni el país estaban todavía libres de peligros, y la crisis se agravó al producirse la división entre los propios utópicos. Fueron unos momentos de gran tensión y de grandes fanatismos. La política de los más "puros" era mantener "una sola voluntad" y continuar el gobierno revolucionario del Comité de Salvación Pública; para ello se precisaba ¡una nueva depuración política de la Convención! (aún quedaban, según ellos, muchos impuros, indulgentes o moderados) Todos los diputados estaban aterrorizados; tanto los que sentían una sincera nausea hacia la guillotina, como los que tenían motivos para temer su justicia implacable: prevaricadores, corrompidos y aprovechados, que habían muchos. Todos veían peligrar su cabeza y, por este motivo, y no por cuestiones ideológicas, se unieron y les plantaron cara a los utopistas, acusándoles de dictadores.

Los "puros", encabezados por Robespierre, intentaron un contraataque en un largo discurso pronunciado en la Asamblea, en el que defendieron el imperio de la virtud y la necesidad de eliminar a un grupo de hombres "impuros", que obstaculizaban el triunfo final de la Revolución. Y, como todos los miembros de la Asamblea eran considerados impuros a los ojos de los utopistas, todos se unieron a la conspiración. La Guardia Nacional también acabó uniéndose a ellos.

En un último intento por salvarse, los utópicos llamaron (como siempre hacen) a las masas a la sublevación en una *journée* revolucionaria, pero, entre el cansancio de las propias masas y las mismas leyes que ellos mismos habían aprobado, que impedían cualquier queja, se encontraron con que esta vez nadie se movió.

Al no contar con el "pueblo", los utopistas pudieron ser acusados de dictadores por toda la cámara, incluidos los diputados que hasta ahora habían permanecido temerosos y callados. De manera que fueron declarados "fuera de la ley" y arrestados. 92 fueron guillotinados: la mayor ejecución en masa de la historia de la revolución.

Capítulo V

Giro a la derecha

"Ser parlamentario, se había considerado hasta entonces
como un puesto de honor.
Sin embargo, hoy ya no se persigue como una posición ventajosa
para llegar a la gloria, sino para llegar a la fortuna.
A medida que se debilitan las ideas morales de la Revolución,
ceden su puesto a las ideas materiales"

Palabras de un antiguo diputado constituyente en la época del Directorio.

La idea de una república igualitaria de pequeños propietarios virtuosos (parcelita y pequeño taller) perdía toda posibilidad de ser ejecutada. La Revolución volvía a estar en manos del elemento moderado. Todos querían vivir y volver a la normalidad. Los campesinos detestaban las requisas y las continuas levas (la última de 300.000 hombres para el ejército) y tanto la clase media como los políticos no querían seguir suministrando su contingente a los trágicos carretones que conducían a la guillotina. Todo aquello tenía que acabar y comenzar una fase de consolidación de aquellos cambios que fueran asumibles pacíficamente por la mayor parte de la sociedad. De manera que aquella coalición de hombres realistas decidió que, a partir de ahora, se gobernaría desde una posición de "centro".

Por supuesto, aquella nueva Asamblea no creía en la utópica "igualdad", pero sí seguían creyendo en la "libertad" (desde luego, más económica que política), en los derechos individuales y en una constitución escrita. Y, como la consigna de aquel momento era que "la Revolución ya estaba hecha", innecesarios eran los mecanismos que se habían creado para asegurarla. Había, pues que desmontar el terrorismo de Estado. En consecuencia, se cerró el sangriento Comité de Salvación Pública, llevando a sus miembros más significativos a la guillotina. Salieron de las cárceles los presos detenidos por "sospechosos" y los pocos diputados liberales supervivientes se reintegraron a la Asamblea. Poco después se pusieron a trabajar para dar una nueva Constitución a Francia.

Si hasta entonces todo el proceso de la Revolución había sido un sucesivo e inesperado corrimiento a la izquierda, el fin de los utopistas representó un brusco giro a la derecha, bien entendido, a la derecha dentro de la Revolución. Había terminado el tiempo de los "incorruptibles" y comenzaba el de unos hombres desde luego mucho más escépticos, menos idealistas y utópicos, pero mucho más "humanos", con todos los defectos y virtudes que esto supone.

La nueva alta sociedad: una nueva clase media enriquecida

Toda la sociedad francesa, cansada del terror, inseguridad y la pobreza de tantos años revolucionarios, dio rienda suelta a sus ganas de vivir y disfrutar; tanto los que habían amasado grandes fortunas a costa del Estado como los que lo habían perdido todo. Unos y otros emplearon su nueva riqueza, o lo último que les quedaba, en lujo, fiestas y risas. Volvieron los salones elegantes. Volvió la ostentación en el vestir; *"Señor"* y *"Señora"* sustituyeron al *tuteo* y al *"ciudadano"*. Comenzó una época de los *"merveilleuxs"* y de los *"incroyables"*. Se organizaron bailes en los que sólo se admitían a parientes de víctimas del "Terror", en los que los hombres llevaban la nuca afeitada (como si fueran a ofrecer su cuello a la guillotina) portando una fina cinta de seda de color rojo, ceñida al cuello. Es decir, la vida de la nueva clase alta de la sociedad manifestaba su oposición política hacia los "rebajadores-igualadores-utópicos". Todos aquellos nuevos ricos no pertenecían a la vieja aristocracia, sino a los que se habían forrado con la Revolución. Representan el futuro y no el pasado. Escépticos, altaneros y sin escrúpulos, forman la aristocracia de los nuevos tiempos.

Sin embargo, en medio de aquel grotesco nuevo esplendor de los nuevos ricos se encontraba un país quebrado, debido a la catástrofe del asignado, que había perdido todo su valor, y al abandono de los campos. La inflación y las levas en masa habían llevado a la nación a la ruina. Desde hacía mucho tiempo apenas se recaudaban impuestos y los pocos campesinos que aún los pagaban, lo hacían con unos asignados que no valían nada. Y la guerra, aunque se autofinanciase ella misma a base de expoliar a los pueblos que presuntamente liberaba, no podía financiar los gastos de la República.

Pero, en medio de aquel empobrecimiento general y bancarrota pública, se habían hecho, como hemos dicho, inmensas fortunas. Los que cambiaron asignados por propiedades o metales preciosos, o los que suministraban a los ejércitos, o los que habían conseguido (a base de influencias políticas) el abastecimiento de los mercados estatales y los comisionistas de los préstamos extranjeros, fueron grandes ocasiones para hacer negocios extraordinarios. Es decir, a base de saquear al Estado y al conjunto de la población, se hicieron, como hoy, grandes fortunas.

Una nueva economía. Interés y propiedad.

Aquellas herencias, el Terror, la guerra, con sus continuas levas, el vacío de las arcas del Estado, y la ruina generalizada, condenaban al nuevo gobierno a una gestión más que difícil. Pero, al menos, aquellos gobiernos que sucedieron (Directorio, de 1795 a 1799, Consulado, de 1799 a 1804, e Imperio napoleónico, de 1804 a 1814), tenían la ventaja de no auto engañarse: sabían que no se trataba de basar la República sobre la virtud, como creían los utopistas, sino sobre el interés. El moderno pacto, que aún dura, entre las finanzas y el poder, sustituyó a la utopía de la república espartana. La nueva política estuvo, pues, marcada por el abandono de la economía dirigida, que tantos desastres había traído (como siempre trae cualquier economía dirigida) y el retorno al liberalismo económico, permitiendo el mercado libre. Es decir, se suprimió la ley del *máximum*, tanto para salarios como para los precios y se desmanteló la organización nacional de la industria bélica, entregando las fábricas a particulares.

Sin embargo, no se supo encontrar solución al más grave de los problemas: la emisión masiva de "asignados". Esto llevaría, como veremos, a la dictadura. La figura de Napoleón llenará la última fase del proceso: la Revolución se había condenado a empezar por donde el absolutismo había terminado: por el déficit y por el endeudamiento del Estado.

El último acto de la Revolución Francesa: Napoleón Bonaparte

A pesar de que para algunos se había iniciado una época de "insolente opulencia", para la mayoría seguía siendo una época de grandes privaciones. La industria no conseguía recuperar su antiguo ritmo; la crisis continuaba abatiéndose sobre los obreros y, mucho más, a medida que la devaluación del "asignado" fue haciéndose vertiginosa. Las monedas de oro y plata fueron desapareciendo del mercado (la gente las guardó bajo el colchón en espera de tiempos mejores) por lo que resultaba imposible organizar correctamente el cobro de impuestos. Parecía que todos aquellos problemas podían solucionarse con una dictadura. Y al igual que en la Alemania de 1920, con su inmensa inflación, la clase media exigía un poder fuerte, capaz de poner orden y terminar con éxito la guerra contra la coalición extranjera.

Bonaparte era el hombre que reclamaban las circunstancias. Y, después de muchas crisis de gobierno, finalmente se organizó un golpe, financiado por los banqueros de París

Así que, mientras los diputados estaban trabajando en una nueva Constitución, apareció Napoleón con sus tropas y disolvió el Parlamento por las buenas. Nadie se quejó. Ahora él era el dueño de la situación, y toda Francia, encantada, confiando en su genio, esperó de él, tanto la victoria como la tan ansiada paz.

A partir de Napoleón, la dirección de la guerra tomó una nueva orientación: se enviaron nuevas órdenes: "*No sólo el ejército sino el país ha de vivir a expensas del enemigo*", y se empezaron a requisar víveres para enviarlos a Francia. La guerra de conquista sustituyó, poco a poco, a la guerra de "liberación" revolucionaria; los países ocupados tendrían que pagar el precio de su "liberación". El dinero es lo único que contaba.

Diez años después del inicio de la Revolución, aquella vieja Francia aristocrática era sustituida por una nueva aristocracia: la Francia de los nuevos ricos y de los nuevos propietarios. A partir de aquel momento, los desheredados ya no contarían políticamente. Intentarían hacer oír su voz, como veremos, en tres ocasiones (en 1830, en 1848 y en 1871), pero pronto fueron silenciados. Una gran parte de la población urbana, y la gran masa de campesinos, ya nuevos propietarios de las tierras arrebatadas a la Iglesia y a la nobleza, estaban por el orden. Es decir, la clase media sólo querrá, a partir de ahora, que se les deje trabajar e intentar prosperar; los nuevos propietarios agrícolas laborar "sus" campos; y los nuevos ricos, los políticos y los altos funcionarios que les dejen seguir con lo suyo, es decir, mangonear con el "poder" y medrar alrededor de él… El pueblo bajo, disperso y sin líderes, sin voz ni voto, regresó a sus cuchitriles y se puso a servir a los nuevos ricos.

La obra de Bonaparte respondió a estas consideraciones: consolidó las ventajas de la Revolución sobre el fundamento de la propiedad. Abrió ampliamente las fronteras a los emigrados (lo que hizo aparecer de repente inmensas cantidades de monedas de oro y plata que pusieron de nuevo en marcha a la economía francesa) y cimentó la paz interior por medio de lo único que podía unir a los franceses y tranquilizar a las familias: la garantía de que lo suyo, era realmente "suyo". Ya no habrá más requisas, más expolios, ni más arbitrarias incautaciones. De manera que el nuevo código civil de Napoleón, consagró la propiedad como el fundamento de aquella nueva sociedad surgida de la Revolución. A los pocos años Francia tenía un código civil, un concordato con la Iglesia y un Banco de Francia que, una vez retirado el papel moneda y expoliada toda la riqueza de los países conquistados por los ejércitos napoleónicos, puso definitivo orden a las finanzas francesas. Napoleón proporcionó estabilidad y prosperidad a todos, excepto al cuarto de millón de franceses que no volvieron de sus guerras. Sin embargo, Napoleón destruyó el sueño de concordia y fraternidad universal. Antes, los hombres estaban unidos frente al "tirano", ahora, a partir de ahora los hombres sólo se sentirán unidos por el *nacionalismo*. Éste y una desmesurada avidez por la riqueza, no sólo a nivel particular sino, sobre todo, a nivel nacional, serán los dos grandes problemas que se irán gestando durante todo el siglo XIX y que desembocarán en la Primera y Segunda guerra Mundial.

¿Y qué fue de los ideales de la Revolución Francesa?

Después de la época revolucionaria (a finales del XVIII) y de las guerras napoleónicas (a principios del XIX), en general, tanto los franceses como los pueblos europeos apoyaban más al espíritu de la Revolución que al modo en que ésta se había llevado a cabo; se aceptaba más su "teoría" que su "práctica". Es decir, se deseaba que aquellas grandes proclamaciones, *Libertad, Igualdad y Fraternidad*, —logradas hasta ahora a costa de imposiciones, sangre e injusticias— se convirtieran en una "realidad" efectiva, pacífica y bienhechora.

La abolición del régimen señorial, con sus privilegios y monopolios de todas clases, la igualdad ante la ley, las libertades políticas, profesionales y económicas, eran, para la gran mayoría de los pueblos europeos, conquistas positivas. Nadie quería echar por tierra aquellos ideales, sino hacerlos efectivos. Porque, de momento, a excepción de unos cuantos políticos corruptos, unos cuantos aprovechados y unos cuantos especuladores, la sociedad francesa y los pueblos invadidos por las tropas napoleónicas no se habían sentido ni más felices, ni más prósperos, ni mejor gobernados, ni más seguros, ni más libres, ni tampoco más "iguales" que cuando estaban bajo los Antiguos Regímenes.

¿Significaba esto que en aquel momento había muchos desengañados con la Revolución? Sin duda, muchos estaban de vuelta de muchas cosas; pero este desengaño, repito, no era respecto a los "principios", sino a las "formas"; no contra la hermosa "teoría", sino contra la fea "práctica".

Segunda parte

LA CONSOLIDACIÓN DE LA CLASE MEDIA

Capítulo VI

Un vano intento de ir hacia atrás

"¡Cuán ciegos están los que se imaginan que
las constituciones, las instituciones y las leyes pueden persistir
cuando ya no están de acuerdo con
el sentimiento, la necesidad y los fines de la humanidad;
cuando ya están vacíos de sentido!"

Hegel (1770-1831) filósofo alemán

Tras la caída de Napoleón en 1815

La definitiva derrota de Napoleón en Waterloo, y su reclusión en la isla de Santa Elena, inició una nueva época llamada: "Restauración" (de1815 a 1848)

Después de veinte años de revolución y guerra, Europa se encontraba patas arriba... Monarquías centenarias y antiguas fronteras habían sucumbido ante los ejércitos napoleónicos, y ¡había que recomponer todo aquello!

De manera que, lo primero que hizo la coalición (Gran Bretaña, Austria, Prusia y Rusia, que había derrotado a Napoleón), fue reunirse en París para ver que se hacía con aquella "díscola" Francia. Decidieron no ser duros con ella, retirar las tropas, volver a las antiguas fronteras y restaurar la monarquía borbónica en Francia. No estaban por venganzas ni por ampliar sus fronteras; paz y "orden" era lo único que querían. Eran conscientes de que, si querían "paz", había que contar con una potencia como Francia; pero, eso sí, ¡con una Francia "redimida"!

Recordemos que, en aquel momento, Europa estaba dominada por cinco grandes potencias: la propia Francia, Gran Bretaña, Austria, Prusia y Rusia.

España, a pesar de haber desempeñado un importantísimo papel en la derrota de Napoleón, no entró dentro del concierto europeo. Nuestro gran imperio colonial estaba a punto de desmembrarse en aquellos años, si es que ya no lo estaba. (Venezuela, Colombia, Chile, Uruguay y Argentina, ya se habían independizado y Méjico, Ecuador, Perú y Bolivia, estaban a punto de hacerlo)

Aquellas potencias encarnaban los tres modelos de regímenes políticos existentes en la Europa de aquel momento: *régimen parlamentario*, únicamente en Gran Bretaña. *Monarquías absolutas*, en Austria, Rusia y Prusia, y, como veremos a continuación, un régimen de "*carta otorgada*" en Francia, a mitad camino entre el parlamentarismo y la monarquía absoluta.

Una vez Restaurada la monarquía borbónica en Francia (en el Primer congreso de París), la coalición se reunió nuevamente en Viena para redefinir las nuevas fronteras de Europa, en espera de que éstas fueran, a partir de aquel momento, definitivas, inviolables y eternas. Además, los monarcas de Austria, Prusia y Rusia, invocando los principios cristianos, firmaron un tratado (la Triple Alianza) de carácter personal, prometiendo mantener en sus relaciones políticas los "*preceptos de justicia, de caridad y de paz*".

Es decir, las guerras napoleónicas dieron lugar a la Restauración de la monarquía en Francia —y en aquellos países donde habían sido barridos los antiguos tronos—, al tiempo que se consolidaron los regímenes autocráticos que habían podido librarse del general-emperador.

La palabra "Restauración" ya indica claramente un intento de retorno al pasado. (Restaurar significa volver algo a su estado primitivo). Por eso fue entronizado como nuevo rey de Francia un hermano del guillotinado Luis XVI, que había permanecido exiliado durante veintitrés años: es decir, un "emigrado". Tomó el nombre de Luis XVIII.

La Francia "republicana" aceptó aquella imposición de los vencedores a condición de que aquella monarquía fuera "constitucional" y no "absolutista", como las del Antiguo Régimen. De manera que el nuevo monarca tuvo que conceder al "pueblo francés" una "carta otorgada" *escrita;* es decir, una especie de "Constitución" puesta en blanco y negro, que garantizase, sino una única Asamblea cien por cien elegida, sí, al menos, la mitad nombrada a dedo y la otra mitad elegida por sufragio. Por supuesto, por un sufragio al que sólo pudiesen tener acceso las élites de la clase media. (Como veremos a continuación, a la gran mayoría del pueblo francés se le marginó políticamente)

Ya vimos en la primera parte de este estudio como una ola conservadora, anti-ilustrada y anti-liberal brotó en Francia a partir del año 1795, como consecuencia de los excesos revolucionarios. Esa iba a entregar a una nueva "aristocracia" política, enriquecida durante la Revolución y más tarde durante el Imperio, las llaves y riendas del poder del Estado, eliminando fulminantemente el sueño igualitario de acceso para cualquier ciudadano a los puestos de responsabilidad y gestión de la cosa pública. Para ello se restringió el uso del sufragio sólo a quien gozase de cierto nivel de fortuna (derecho "censitario") y disfrutase del requisito de la raza y del sexo (derecho "capacitario"). Por tanto, toda persona que no fuera "propietaria" de un mínimo y no fuese varón de raza blanca, se le impedía de facto, votar o intervenir en la vida pública. (Eliminar aquellas restricciones llevaría casi 75 años…)

Luis XVIII, a pesar de que en el preámbulo de la "carta otorgada" dejaba bien claro *"el deseo de borrar, si fuera posible hasta la historia, todos los males que afligieron a Francia durante la Revolución y el Imperio, y reanudar la cadena de los tiempos que funestas desviaciones habían roto",* sabía que era imposible volver al pasado; el poder económico y político ya no estaba en manos de los monárquicos ni de los nostálgicos del pasado, sino en las de unos nuevos "poderosos" salidos de la clase media. Por lo que Luis, a pesar de sus "palabras", se acomodó a aquella especie de "parlamentarismo" (aunque *light*) y dio por buena la nueva redistribución de la tierra (es decir, tuvo que olvidarse de restituir los antiguos bienes de la nobleza y la Iglesia), ya que —al menos teóricamente— la servidumbre había sido definitivamente abolida, los antiguos privilegios eliminados y la igualdad civil ante la ley, eran hechos irreversibles.

De manera que, Luis XVIII, que había ganado mucho en sabiduría durante su largo exilio (y quería durar en su puesto) desplegó una actitud conciliadora entre los nostálgicos monárquicos (que clamaban la restitución inmediata de sus bienes expoliados, el restablecimiento del régimen señorial, el diezmo, y un castigo ejemplar para todos los culpables de lesa realeza), y los nuevos propietarios que no estaban dispuestos a que sus bienes fueran puestos en duda. A unos y otros intentó apaciguarlos; a la antigua nobleza se le dio largas, y a los nuevos "terratenientes" no se les molestó.

También tuvo que lidiar con los altos funcionarios, (que ya habían hecho carrera con el Imperio y no querían volver a ser de nuevo lacayos); se les garantizó su "puesto" y se les tuvo en cuenta. A los "bien-instalados" se les concedió aquella especie de Parlamento "censitario" y "capacitario" con el que continuar figurando, medrando, enriqueciéndose y haciendo política. Y a la nueva clase media, que sólo quería paz y una disminución de los impuestos, se les dio la paz, aunque los impuestos, por supuesto, no bajaron. Luis XVIII estaba dispuesto a contentar a todos siempre que, según sus palabras, *fueran razonables".* Y, asesorado siempre por su hábil e incombustible ministro Talleyrand, lo logró: unas veces la Cámara era más "conservadora" y otras más "moderna", pero unos y otros se mantuvieron "razonables"…

Nueve años duró aquella época semi-liberal y amable. Sin embargo, toda aquella tranquilidad desapareció cuando en 1824 Luis XVIII fue asesinado por un antiguo bonapartista. Le sucedió su hermano, con el nombre de Carlos X.

Carlos X, o el gran intento de ir hacia atrás…

Carlos X no era tan "amable" ni tal "liberal" como su hermano. Eso lo sabía la antigua aristocracia y la Iglesia; sabían que no era un "renegado" como su hermano, sino que era ¡uno de ellos! Y no estaban equivocados… El nuevo rey, desde su llegada al trono, acrecentó el poder de la Iglesia y, entre otras muchas disposiciones encaminadas a volver al redil a la incrédula Francia, nombró a un "obispo" como responsable de las Universidades del Estado para expulsar a todo espíritu "independiente" de sus cátedras.

En cuanto a la nobleza, Carlos se involucró personalmente para que, cuanto antes, los antiguos emigrados (y la Iglesia) recuperaran lo que en su día les fue confiscado. Pero las limitaciones constitucionales (que constaban *por escrito* en la "carta otorgada") y la oposición de toda la Cámara se lo impidieron.

Pasaron así seis años hasta que Carlos, harto de aquella "chusma", invalidó la "dichosa carta", disolvió por decreto aquella Cámara, llena de "plebeyos", promulgó un decreto para amordazar a la prensa y convocó nuevas elecciones con unas nuevas reglas de juego: las famosas "cuatro ordenanzas":

1º Disolución de la Cámara de Diputados

2º Restricción de las leyes de Prensa

3º Endurecer la franquicia. Es decir, derecho a voto sólo a los más ricos.

4º Nuevas elecciones inmediatas, basadas en el nuevo electorado.

Ni que decir que la indignación fue enorme: ¡Aquello era volver cincuenta años atrás!… Pequeños y grandes propietarios agrícolas, así como la clase media —ex-diputados, antiguos napoleónicos, republicanos, burgueses, pequeños industriales y fabricantes, propietarios agrícolas, funcionarios, abogados, maestros, periodistas y demás gente más o menos ilustrada—, se pusieron en pie de guerra. Indignación a la que se le sumó otra grave crisis económica…

Hemos de tener en cuenta que la primera mitad del siglo XIX seguía siendo una era preindustrial, cuya economía era básicamente agrícola, con pequeñas manufacturas de consumo y pequeño comercio. Y, desde 1825 (es decir, hacía ya cinco años), se habían sucedido muy malas cosechas especialmente de patatas —importante base de la alimentación popular— dando lugar a una subida considerable de los productos alimenticios alternativos, como los cereales. Aquella espectacular subida de precios afectó, como es de suponer, tanto a las clases populares urbanas como a las campesinas: tuvieron que reducir sus gastos para poder subsistir. Aquel parón de consumo afectó en cadena a otros sectores artesanales, de forma que la crisis dañó a toda la economía del país. Así que, a la indignación de las clases más instaladas, que no querían volver al pasado, se sumó el hambre de los humildes.

¿Qué hacer ante aquella situación?, se preguntaron las élites de la clase media en peligro. ¡Montar una revuelta! Y, ¿cómo hacerlo?

1º Encontrando una excusa u ocasión propicia para ello.

2º Como habían aprendido que sin la colaboración del "pueblo" esto es imposible, buscando entre el populacho unos hombres que, a cambio de unos dineritos, estuvieran dispuestos a levantar barricadas.

3° Contando con un grupo de periodistas y políticos, marrulleros y corruptibles, dispuestos a engañar a quien hiciese falta.

4° Teniendo preparado un "rey de recambio" (que significa "orden") que fuera aceptable para un pueblo mayoritariamente republicano.

Talleyrand[1], Lafayette[2] y Thiers[3] fueron los artífices de aquella comedia, mientras que los indispensables y eternos figurantes fueron, como siempre, las clases populares; todas ellas, por definición, hostiles a la realeza y, además, hartas de la subida del pan y del aumento del paro.

La "excusa" fue la nueva ley de prensa. Un nutrido grupo de ex-diputados, periodistas y figurantes se agruparon alrededor de los periódicos liberales, cuyas prensas —decían— iban a ser intervenidas por la policía.

---

[1] **Talleyrand**, aristócrata de nacimiento, supo mantenerse durante cincuenta años en el epicentro del poder político en Francia. Su hábil carrera comenzó en los primeros compases de la Revolución francesa. Fue diputado en los *Estados Generales* y, posteriormente, diputado y presidente de la *Asamblea Nacional*. Dos veces Embajador de Francia en el Reino Unido, ministro de Marina y Colonias, tres veces gran Chambelán de Francia y Elector Vicepresidente durante el Imperio napoleónico. Representante de Francia en el Congreso de Viena (al principio de la "Restauración"), y finalmente Primer Ministro.

[2] **Lafayette**, de familia noble, inició su carrera como general en la Guerra de Independencia Americana. Al regresar a Francia, fue miembro de la Asamblea Nacional durante la Revolución. General del ejército revolucionario y comandante de la "Guardia Nacional del París". Se retiró de la política durante el Imperio, para reanudar su actividad parlamentaria durante la Restauración.

[3] **Thiers** fundador del periódico "El Nacional", opositor a la monarquía de Carlos X. Bajo Luis Felipe llegó a ser ministro del Interior y, finalmente, Primer Ministro de la III República.

Mientras tanto, y siguiendo el guión preestablecido, se levantaron barricadas, mientras que una multitud de agitadores, enarbolando la bandera republicana (la actual bandera tricolor francesa), lanzaba gritos de *¡Abajo los Borbones!, ¡Viva la República!*

Todo el pueblo de París se echó a la calle... y, el rey cometió el error de mandar las fuerzas reales. Tras duros combates, éstas últimas fueron derrotadas. La exultante multitud se dirigió al Hôtel de Ville en espera de que fuera declarada la República desde el balcón del Ayuntamiento. Pero ahora, ¿cómo engañar a aquel pueblo victorioso que deseaba la república? Con el cuarto punto…

En el balcón apareció Lafayette acompañado de un personaje envuelto en la bandera tricolor… La gente, al principio, no entendía nada, pero Lafayette les empezó a decir, con elocuentes y enardecedoras palabras, que lo mejor para ellos era olvidarse de la "República" y "coronar" a un auténtico "hombre del pueblo", a "uno de ellos", "*a un hijo de un regicida que, durante la Revolución, había votado por la muerte de Luis XVI; a un hijo de un auténtico republicano que siempre había conspirado contra Borbones, al que llamaban "Felipe Igualdad"* (lo que no le salvó de la guillotina). *Que los Orleans siempre habían sido los tradicionales rivales de los Borbones",* etc., etc., etc.…

La multitud, que permanecía atónita, estaba muda… Pero, de repente, conmovidos por la brillante demagogia de Lafayette, empezaron a aplaudir y a llorar, excepto algunos republicanos que habían comprendido la maniobra. Algunos días más tarde, Carlos X abdicó (yéndose a morir a Austria) mientras que el duque de Orleans era coronado con el nombre de Luis Felipe: el "*rey ciudadano"…*

Las potencias europeas reconocieron al nuevo régimen (al fin y al cabo, no dejaba de ser una "monarquía") y la Francia "profunda", en su mayoría campesina, ocupada en la siega, no movió un dedo; tanto les daba un rey como otro si se les garantizaba que conservarían sus tierras. Ya habían visto demasiadas cosas desde hacía medio siglo…

Así, pues, más que un cambio de dinastía (los Orleans en vez de los Borbones), las jornadas de julio de 1830 representaron el triunfo de la alta clase media. Se trataba únicamente del paso de una monarquía aristocrática a otra burguesa, por lo que, aquella "revolución", no dejó de ser una revolución "conservadora".

El temor, por parte de las nuevas élites, a la "soberanía popular", había impuesto una solución que salvaguardase "sus" libertades (únicamente las de ellos), sin poner en peligro el orden social.

Repercusiones de la revuelta de 1830

Aquella breve pero intensa revolución estremeció a toda Europa. Despertaron los movimientos "liberales" y "nacionalistas", que ya venían gestándose durante los primeros años del siglo XIX.

Haremos, pues, un pequeño comentario acerca del *liberalismo* y del *nacionalismo* en el próximo capítulo, antes de continuar con nuestra historia.

Capítulo VII

Liberalismo y Nacionalismo

"El liberalismo —conviene hoy recordar eso—
es la suprema generosidad:
es el derecho que la mayoría otorga a la minoría y es, por tanto,
el más noble grito que ha sonado en el planeta.
Proclama la decisión de convivir con el enemigo;
más aún, con el enemigo débil"

José Ortega y Gasset

Todos hemos oído decir que el siglo XIX fue el siglo del *liberalismo*, del *nacionalismo*, de la *revolución industrial* y del *socialismo*…

Sí y no. El siglo del nacionalismo, de la revolución industrial y del socialismo, sí; del liberalismo económico, también, pero del liberalismo social y político, ¡no!

Los acomodos del liberalismo clásico.

El significado de la palabra "liberalismo" o "liberal", como la de tantas otras, ha ido cambiando a lo largo del tiempo. En sus orígenes se refería a todo aquello que era digno de un **hombre libre**. Pero, a los cinco meses de comenzar la Revolución Francesa, la palabra "liberalismo" perdió este doble e inseparable sentido: empezó a aludir a un tipo de filosofía que enfatizaba *únicamente* la "libertad", pero que descuidaba o negaba la *obligación* de encauzar esta libertad hacia el **bien** según la ley natural propia de un "hombre". Es decir, ¡humanidad!, consideración al otro, respeto, compasión, perdón, generosidad de miras, comprensión y flexibilidad, además de, autodisciplina, laboriosidad, honestidad, honradez y decencia. En una palabra: Justicia. Este fue el liberalismo que elaboró la *"Declaración de Los Derechos del Hombre"*, la primera *"Constitución"* y aquellos siete mil quinientos *decretos* (leyes) de gran contenido humano, declarando a **la moral**, *como la base de la sociedad* y a **la conciencia,** *como base de la ley*.

Aquellos genuinos Liberales tenían claro que un hombre libre era un hombre que, por ser "libre", no sólo podía, sino que estaba "obligado" a progresar moral, intelectual y económicamente, y contribuir activamente, dentro de los límites de cada uno, al "progreso" del bienestar general. (Como vemos, la palabra "progreso" también cambió de significado; ya no se trata de un progreso para que uno llegue a ser "maduro", "responsable" y "humano") Sin embargo, aquellos Liberales, como dijimos, desaparecieron y nunca más han vuelto a la política…

En cuanto al liberalismo económico, sí que —afortunadamente— siguió, más o menos, con su espíritu original: defensa de la propiedad, libre competencia, libertad plena de comercio e industria y mínima intervención del Estado en los asuntos económicos, según el principio de *laissez faire, laissez passer.* De ahí la espectacular trasformación y riqueza alcanzada durante el siglo XIX (Aunque parte de estos principios también se fueron corrompiendo a finales del mismo y principios del siguiente, en beneficio del "poder político" que los orientaría en beneficio propio. Intervención del Estado, engrandecimiento de éste, burocracia, monopolios, aranceles, cuotas, licencias, autorizaciones, etc., etc. Esa pérdida de los principios económicos liberales fue la que inició, como veremos, el fin de la clase media.)

NACIONALISMO

"Solo el egoísmo tiene patria
¡La fraternidad no!
Alphonse de Lamartine,
escritor, poeta y político francés.

"Nuestra verdadera nacionalidad
es la del género humano"
H. G. Wells,
escritor, novelista, historiador y filósofo.

Los primeros movimientos nacionalistas

Para aquellos hijos de la Ilustración la "nación" era concebida como un pueblo libre e ilustrado <u>compartiendo los mismos valores humanos</u>. Pero los excesos de la Comuna durante el Terror y, sobre todo, los excesos de los ejércitos napoleónicos, provocaron una reacción en toda Europa contra todo aquello que les sonase a "Revolución". No querían saber nada, incluso aquellos que en un principio habían sido ardientes creyentes en los "Derechos del Hombre". Todos se replegaron hacia "adentro". El rechazo al "extranjero" se convirtió en un sentimiento mucho más fuerte que aquel ideal de fraternidad universal.

Así que cobraron un nuevo valor las costumbres nativas, las instituciones locales, la cultura y las lenguas tradicionales. Si el auténtico liberalismo era de carácter cosmopolita, el nuevo nacionalismo era de carácter particularista, exclusivo y cerrado.

A partir de entonces, la noción de comunidad nacional se fundamentó, no en una comunidad de unos hombres que comparten unos mismos valores, sino en el "espíritu del pueblo", en el "alma colectiva", cuyas manifestaciones se concretan en la lengua, la poesía, las artes y las tradiciones.

Los enormes conflictos que en su día iban a generar este tipo de nacionalidades ya se habían puesto de relieve en el congreso de

Viena, pero, a raíz de los episodios revolucionarios de 1830, explotaron. Las revueltas en pos de la "libertad" de París se repitieron en Bruselas, Varsovia, Moscú, Berlín, Turín, Atenas, etc. Sin embargo, en toda Europa se clamaba más por el "nacionalismo" que por la libertad.

En los círculos intelectuales alemanes, se empezó a hablar de agrupar a todos los alemano-parlantes en una sola nación para así crear una Gran Patria alemana.

En Italia, bajo dominación extranjera (Austria), las primeras manifestaciones nacionalistas se inscribieron en el marco de las sociedades secretas que, como la Carbonería, compuesta por militares, intelectuales y jóvenes universitarios, intentaban conseguir sus objetivos de independencia a través de golpes de mano e insurrecciones, que, sin embargo, sistemáticamente fracasaban al no conseguir atraerse a la mayoría de la población ni convertirse en un movimiento de masas.

En Rusia, como en el resto de Europa, el liberalismo "de salón" también comenzó a tomar cuerpo en el seno de las sociedades secretas, cuyos principales eran jóvenes provenientes de la nobleza. Aquel movimiento, llamado "decembrista", también fue pronto controlado, y una dura represión paralizó a aquellos privilegiados autollamados "liberales" durante muchos años.

En el antiguo reino de Polonia, repartido entre Prusia, Rusia y Austria, el nacionalismo también fracasó por ser, en aquel momento, aún muy minoritario. Polonia tuvo que esperar a 1848 para que, con el concurso de toda la población, lograse avanzar hacia su independencia.

En Eslovaquia, Hungría, Serbia, Croacia, Rumania y Ucrania también fueron revoluciones de privilegiados, y todas fracasaron porque no contaron (o no supieron engañar) con el pueblo.

Los dos únicos movimientos nacionalistas que triunfaron fueron el griego y el belga porque lo hicieron en un marco de revoluciones populares y nacionales al mismo tiempo. Grecia logró su independencia en 1822, después de una sangrienta guerra contra el Imperio otomano, mientras que Bélgica se segregó pacíficamente de la corona holandesa en 1830.

En todos los demás países el nacionalismo fracasó porque en aquel tiempo éste aún era un asunto de minorías. A la gran masa de aquellas poblaciones que —aunque mayoritariamente analfabeta— no era tonta, le daba igual quien manejase el cotarro; mientras se le dejara trabajar en paz y no se le agobiara con más impuestos, le daba igual unos que otros.

Al reflexionar sobre estos hechos, que tan someramente hemos sintetizado, nos damos cuenta de que sin la intervención de una gran masa popular es imposible cualquier revolución nacionalista. Habrá que esperar hasta finales de siglo diecinueve y principios del veinte para convencer al grueso de la población de que ellos son "diferentes", de que son "mejores".

Capítulo VIII

El triunfo de la clase media
(1830)

"La causa real y decisiva que hace perder a los hombres el poder
es que hayan llegado a hacerse indignos de conservarlo.
La percepción de que existe una corrupción general y arraigada
hace caer, tarde o temprano,
a los gobiernos, a los regímenes, a las dinastías."

Alexis de Tocqueville

El "rey ciudadano", Luis Felipe.

El duque de Orleans, tal como Lafayette había dicho al "pueblo" desde el balcón del Ayuntamiento, era efectivamente hijo de un padre que había participado (a pesar de ser un pariente lejano de los Borbones) de los ideales revolucionarios, hasta el punto de cambiar su nombre por el de Felipe Igualdad, (cosa que, tal como hemos dicho, no le evitó pasar por la guillotina) De manera que, al menos de "boquilla", aquel "cambio" significaba volver al espíritu del 1789. Por eso Lafayette lo presentó envuelto con la bandera tricolor, símbolo de la Revolución Francesa.

Luis Felipe, siguiendo aquella comedia, aceptó el título de "rey de los franceses" y no el de "rey de Francia", dotando al pueblo francés de un "Texto Constitucional" como Dios manda, que no emanaba desde el "poder" como la "carta otorgada" sino que, ¡emanaba del propio pueblo! Por eso lo de *"el rey ciudadano"*. (En la nueva y flamante Constitución, el derecho capacitario" se relajó un poco: ¡del 0,2 % de franceses con derecho a voto, se pasó al ¡0,6%!)

Aquello supuso la definitiva sustitución de los monárquicos (la antigua élite) por una nueva clase política que representaba lo más escogido de la clase media: la banca, la burguesía de los negocios y de la incipiente industria, los altos funcionarios, los burócratas, los abogados, los profesores universitarios, los periodistas, los militares de alta graduación y, por supuesto, los políticos profesionales. A partir de aquel momento, esta sería la nueva "aristocracia", mientras que la vieja desaparecía para siempre. Estamos en 1830

Se inició, pues, la época esplendorosa de la burguesía (entendida ésta como una parte de la clase media). Se impuso definitivamente su manera de ser y, por tanto, su manera de vestir: el pantalón venció a los calzones y la peluca desapareció. Con sus levitas y sombreros de copa, los bien estantes se distinguían de los hombres del pueblo, que llevan blusa y gorra; el burgués llevaba escarpines, ligeros borceguíes (botines acordonados) o zapatos finos y, en el cuello, un ancho foulard a modo de corbata. Mientras que la señora de "buena sociedad" se las ingeniaba para multiplicar los colores alegres y los adornos; se apasionaba con los vestidos de formas voluminosas, usaba profusamente encajes y cintas, y no sabía salir de casa sin su manguito. Esta era la moda de la gente "bien".

Vivir "burguesamente" era tener un interior confortable, medios para poder dar estudios al hijo y dotar a la hija. Y, para la mujer, mantener el hogar impecable, recibir y devolver visitas, y visitar a la modista.

Desde el punto de vista burgués, el dinero era lo que situaba al individuo. El dinero confería la posición social y respetabilidad. En lo más alto los opulentos banqueros; en lo más bajo, los tenderos de barrio y, en medio, los diversos grados de la escala social: desde los que ejercían un negocio o poseían una pequeña industria (aún no había medianas o grandes), pasando por la función pública, y la profesión liberal: abogados, notarios, arquitectos, médicos, etc. Es decir: la "capacidad" (de ahí lo del voto "capacitario"). A partir de ahora, nada impedía a la clase media "alta" aspirar a la dirección de los grandes servicios del Estado. Sin embargo, el pueblo llano no penetraba en la administración más que gracias al favoritismo o a un mérito excepcional.

Durante aquellos primeros años, el nuevo régimen dejó una reputación de paz exterior (si se exceptúan las primeras conquistas coloniales), de prosperidad y de progreso económico.

En aquella Francia, aún rural, se estaba iniciando un lento, pero imparable, proceso de industrialización. Las máquinas de vapor se duplicaron en menos de diez años; se aumentó la producción de carbón, combustible para la elaboración del indispensable hierro para atender tanto a la creciente demanda de maquinaria agrícola como a la incipiente demanda de material para el transporte ferroviario, que pasó de los 175 kilómetros existentes en 1837, a 500 kilómetros cuatro años más tarde y casi a 2.000 en 1848, cuando cayó el régimen de Luis Felipe.

Todo aquel crecimiento económico estaba alentado por el Estado, que brindaba un marco legal que protegía únicamente a los más "instalados": una política aduanera proteccionista y garantías ofrecidas a los patronos con la prohibición del asociacionismo obrero y absoluta libertad de contratación. (Como podemos ver, no se trataba de un liberalismo social y político, sino únicamente un mal entendido liberalismo "económico", ya que el Estado se iba haciendo cada día más interventor y, por tanto, como veremos, cada día más corrupto)

En aquel clima de prosperidad económica, el primer ministro Guizot contestaba a los que reclamaban el sufragio universal: *Si un mayor número de ciudadanos alcanzasen el nivel económico exigido, más votantes habría. Así que, ¡enriqueceos con el trabajo y el ahorro!*

Pero aquel amanecer de la prometedora era industrial, hacia la cual la burguesía avanzaba con paso confiado y alegre, aparecía con amenazadores nubarrones: un "cuarto estado" asomaba, y una corrupción generalizada, ennegrecían el horizonte…

Para mantenerse en el poder, los "nuevos privilegiados" del régimen habían basado su sistema en una doble corrupción: la económica y la electoral. Favoreciendo el enriquecimiento de algunos, esperaban encontrar apoyo suficiente para eternizar su poder. Al cabo de pocos años, toda la Cámara de diputados estaba en sus manos; un coto cerrado donde se robaba todo lo que se quería. Fue cuando el auténtico liberal Fréderic Bastiat dijo: *El Estado es la ficción mediante la cual unos tratan de vivir a expensas de los demás"*. Sin embargo, aquella "casta" política, se identificaba falsamente con el "liberalismo", de la misma manera que la de hoy, la "casta" política se identifica con la "democracia".

Aquella corrupción y manipulación electoral en un primer momento desconcertó a la sociedad francesa, hasta que, finalmente, se "plantó" y dijo "basta". La Revolución Francesa no había pasado en balde; la Historia no tiene marcha atrás, y el abandono de la decencia acaba pasando factura.

El fin de la monarquía en Francia y la proclamación de la II República.

La insurrección tuvo un doble origen, una procedía de la clase media trabajadora, harta de ser esquilmada, y la otra procedía, como de costumbre, del pueblo bajo parisiense, formado por estudiantes y por unos obreros que, por primera vez, "tenían conciencia de clase".

En medio de aquel panorama de indignación general fue fácil radicalizar el país con una amplia campaña de grandes discursos, llevada a cabo por jóvenes "radicales" como Luis Blanc, escritor con "sensibilidad social", republicanos como Ledrú-Rollin, e idealistas como el poeta Lamartine, entre otros. Todos ellos, a pesar de sus diferencias ideológicas, coincidían en que aquello no podía continuar así y que había que hacer profundas reformas.

Ante aquellas continuas arengas, una atmósfera de efervescencia empezó a apoderarse de la capital… Tocqueville, testigo presencial de aquella inquietud, afirmó ante la Cámara: *"El sentimiento de inestabilidad que suele preceder a las revoluciones ha alcanzado un nivel terrible en este país"*…

Mientras tanto, el primer ministro Guizot y el rey, que se mantenían impávidos, se limitaron a prohibir cualquier tipo de mitin o manifestación.

Aquello no hizo más que exasperar a la gente. Aquel mismo día, una enorme manifestación, encabezada por estudiantes, salió a la calle. Una extraña atmósfera de efervescencia se apoderó de la capital. La tensión aumentaba por momentos… Asustado Luis Felipe, por el cariz que empezaban a tomar las cosas, sacrificó a Guizot y envió tropas para amedrentar a los "revoltosos". Ni una cosa ni otra sirvieron para nada. Al día siguiente, los enfrentamientos entre las masas y soldados degeneraron en una matanza. El caos duró tres días. Barricadas por toda la ciudad, batallas por doquier, calles chorreando sangre y carretas llenas de cadáveres…

El rey intentó ganar tiempo nombrando un nuevo gobierno y prometiendo reformas. Sin embargo, al ver que esto tampoco servía de nada, dimitió. A continuación, emprendió el camino del exilio, después de dejar el poder a su nieto, el conde de París.

Con el rey huido, el populacho, enardecido por los demagogos de siempre, irrumpió en el Palacio de las Tullerías llevándose el trono real en procesión hasta la plaza de la Bastilla donde fue quemado solemnemente, simbolizando con ello <u>la destrucción definitiva de la realeza en Francia</u>.

Después, todos corrieron hacía el Ayuntamiento (L´Hôtel de Ville), donde, desde su balcón, se estaba proclamando la República. Estamos en 1848.

Capítulo IX

La II República
Un año en el cielo y tres en la tierra
(1848-52)

*"La política es un acto de equilibrio entre la gente
que quiere entrar y aquella que no quiere salir"*

Jacques Beningne Bossuet (1627-1704) Escritor francés.

¡Un año en el cielo!

Declarada la II República, se constituyó un gobierno provisional, con la tarea de convocar una "Asamblea *constituyente*", presidido por el liberal Lamartine, por el republicano Ledrú-Rollín, como ministro del Interior, por el escritor, con "sensibilidad social" Louis Blanc, y por un tal "Albert", en representación de un "cuarto estado" que estaba emergiendo (los obreros), así como por otros hombres "idealistas" y "bienintencionados". La II República pretendía inaugurar una nueva era, generosa, fraternal y social, donde todos cupiesen.

Los primeros meses de aquella joven República estuvieron, en efecto, marcados por un gran entusiasmo; de ella emanaba un "sincero espíritu", impregnado de romanticismo y euforia social. Se adoptaron numerosísimas medidas, como el sufragio universal que, a pesar de seguir limitando el voto al sexo masculino, suponía un extraordinario avance democrático. (Aquella medida, que duraría apenas un año, suponía que el cuerpo electoral pasase de 250.000 votantes, a casi 10.000.000, cuyas tres cuartas partes eran campesinos, de los cuales, un buen tercio de ellos analfabetos, aunque no tontos)

También se abolió la pena de muerte por razones políticas, para dejar bien claro que la II República no sería sinónimo del régimen del Terror que había conocido la Revolución Francesa. Asimismo, se suprimió la pena de cárcel por deudas, se abolió la esclavitud en las colonias[4] y, por fin, se legalizó el derecho de asociación (que también duraría un año)

Asimismo, se reconoció el "derecho al trabajo", y se crearon "talleres nacionales" para intentar disminuir el paro. Es decir, había llegado la hora del reformismo humanitario y de la reconciliación de todas las clases sociales.

Unos meses más tarde, la fiesta de la "Fraternidad" reunió a un millón de personas en la Plaza de l´Etoîle, mientras que numerosísimos nuevos periódicos (casi 300 en París en 5 meses), clubs y propuestas emancipadoras, florecían en una extraordinaria atmósfera de libertad de expresión.

Pero, a pesar de aquel clima henchido de proyectos y esperanzas, aquella fraternal unanimidad pronto empezó a resquebrajarse. Surgieron las primeras tensiones, como consecuencia de un creciente temor a las, cada día mayores, exigencias populares, en medio de una grave crisis económica, agravada por la retirada masiva de depósitos bancarios y por el consiguiente pánico bursátil.

Las "diferencias" que había entre aquellos "idealistas" (como siempre, unos anhelando la *libertad,* y otros anhelando la *igualdad*) estaban representadas por dos banderas: la tricolor de la clase media (más o menos liberal) y por una roja que, por primera vez, esgrimía un "cuarto estado". Y, como la roja parecía que

---

[4] Tras la derrota de Napoleón, se decidió, en el Congreso de Viena, que Francia conservase sus colonias en el Caribe. (La Guayana, y de las islas de Guadalupe y Martinica)

empezaba a dominar la situación, la clase media empezó a asustarse…

Tres años de vuelta a la Tierra…

De manera que, cuando llegó la hora de las primeras elecciones generales, las primeras con sufragio universal, el peso del voto campesino (temeroso de un nuevo "reparto") hizo inclinar nuevamente la balanza hacia la derecha. Los "izquierdistas" fueron entonces apartados del gobierno, prohibiéndose nuevamente las asociaciones obreras, y se cerraron los "talleres nacionales" tanto por ruinosos, como por haberse convertido en centros de propaganda política.

Aquellas medidas, adoptadas por aquel gobierno de "derechas", pero salido de las urnas, provocaron que la izquierda tomara nuevamente la calle y levantara barricadas con ganas de pelea… Un tiroteo en el bulevar de los Capuchinos hizo estallar el polvorín desatándose nuevamente el caos. El gobierno (recordemos, no monárquico sino "republicano") declaró el estado de sitio y, esta vez, la revuelta aún fue más duramente reprimida que la que tuvo que sufrir un años antes Luis Felipe. Todos los testigos dieron fe de la violencia y del horror del enfrentamiento, en el que se contabilizaron más de 4.000 muertos en combate, donde se fusilaron a 1.500 insurrectos, y donde los principales cabecillas fueron deportados a Argelia y a la Guayana.

Después de derrotar a la "izquierda", tanto en las elecciones como en las barricadas, se suprimieron todos los periódicos "izquierdosos", la enseñanza volvió al clero y se volvió al derecho censitario y capacitario, lo que redujo nuevamente el voto a 2.500.000 electores. Asimismo, se aprobó una nueva Constitución por la cual la mayoría de las atribuciones se concentrarían en el presidente de la República, elegido por sufragio directo…

De pronto, las finanzas y la economía se relanzaron por arte de magia; el dinero volvió a circular, la Bolsa subió espectacularmente y el país se puso nuevamente en marcha…

Como vemos, aquella optimista euforia del primer momento de la República duró muy poco (un año). El triunfo del elemento moderado, y la represión contra la izquierda utópica, determinaron la victoria de las propuestas burguesas y la postergación de la "revolución". Aquello supuso la consolidación del sistema capitalista en Francia.

En las primeras elecciones presidenciales triunfó un sobrino de Napoleón, con el 76 por ciento de los votos. ¿Cómo fue esto? Toda la clase media y el campesinado recordaban que su tío, Napoleón, les había garantizado que lo "suyo" era "realmente suyo". Incluso lo votó un sector de la clase obrera por unos escritos de juventud contra la miseria, que le habían dado fama de "progresista". Y, las monarquías europeas ocupadas en sofocar sus propias revoluciones (que habían surgido a raíz de los levantamientos parisinos de 1848), dieron también por "buena" el fin de la monarquía en Francia.

[La revolución del 48 pronto se extendió por toda Europa continental. A la semana, aquel conato de "revolución" llegó al sudeste de Alemania, el 6 de marzo a Baviera, el 11 a Berlín, el 13 a Viena y casi inmediatamente a Hungría; el 18 a Milán y, por tanto, se extendió por toda Italia. En cuestión de semanas, todas las monarquías europeas se tambalearon.

Sin embargo, al cabo de un año, todos aquellos intentos revolucionarios fueron sofocados, y las monarquías (que en aquel momento representaban el "orden") volvieron a hacerse con el poder; todas menos una: la monarquía francesa que sucumbió para siempre.]

Así, sofocado aquel tercer intento "revolucionario" (recordemos que el primero fue, en 1793, cuando se creó el siniestro "Comité de Salvación Pública", y el segundo en 1830), un descendiente de Napoleón se convirtió en "presidente" de la Segunda República, gracias a un abrumador mandato de la clase media. El miedo a las "masas", unida a la leyenda de Napoleón, habían producido, cincuenta y dos años después, la vuelta de un nuevo Bonaparte a la escena política.

Estamos en 1851. Ahora es el momento de hablar de aquella "izquierda", de la que hemos aludido con el nombre de "el cuarto estado"...

Capítulo X

El cuarto estado
El proletariado

"Con frecuencia los hombres pierden su libertad por ser engañados, pero engañados por sí mismos con más frecuencia que seducidos por otro"

Etiene de la Boetie (1530-1563) Escritor y político francés

"Cambiar de amos no es ser libre"

José Martí y Pérez (1853-1895) Independentista cubano.

Hemos visto como la revolución de 1848 rompió la armonía social que hasta entonces "parecía" existir entre la clase media. Las transformaciones provocadas por la incipiente economía capitalista habían puesto de manifiesto las enormes desigualdades en el reparto de la nueva riqueza. Un "cuarto estado" estaba ahí y exigía su parte.

Aquella nueva "realidad" —la aparición del "proletariado"— produjo una serie de reflexiones "**teóricas**" en torno a la manera de resolver aquel problema, a la vez que se daban los primeros pasos "**prácticos**" para la defensa de los intereses de los que tenían como único "activo": sus manos. Ambos fenómenos, el socialismo "teórico" (que provenía de "intelectuales" de clase media acomodada) y los primeros movimientos obreros (llevados a cabo por obreros de verdad), se originaron por separado, aunque acabaron confundiéndose a finales de siglo.

Los inicios del movimiento obrero, del socialismo y del anarquismo.

¿Qué alternativas cabían para quienes no eran ciudadanos de pleno derecho, al carecer de voz, al no poder "asociarse", ni de voto, al no llegar al mínimo exigido por ley? Desde un punto de vista "**teórico**" había dos caminos y, desde un punto de vista "**práctico**", uno. Empecemos por este último, ya que fue el que tomaron los obreros-obreros, de verdad.

Los primeros movimientos obreros.

"El proletariado debe lograr —en primer lugar— *agruparse sindicalmente* (logrando la derogación de la ley "Le Chapelier, vigente desde 1791[5]) *y así mejorar sus condiciones políticas y*, en segundo lugar, *luchar, por medios pacíficos, para mejorar sus condiciones sociolaborales, creando sus propias cooperativas de asistencia mutua y de trabajo, prescindiendo de los patronos. El "cuarto estado" tiene que demostrar con 'hechos' que es digno de obtener su emancipación jurídica y dejar de ser tratado como un sujeto menor de edad."*

Esta era la visión de Saint-Simón y Charles Fourier, entre otros: luchar y esforzarse, "dentro" del sistema capitalista, para auto-emanciparse, demostrando, así, que eran adultos y, por consiguiente, conscientes no sólo de sus derechos sino también de sus deberes y responsabilidades.

Saint-Simón decía: *"La revolución industrial es el hecho más decisivo de la evolución social contemporánea. La sociedad entera se basa en la industria. Esa es la única garantía de su existencia, la única fuente de todas sus riquezas y de toda su prosperidad".*

---

[5] La ley Le Chapelier fue finalmente derogada el 25 de marzo de 1864

Saint-Simón entendía a la industria como un sinónimo de "producción", bien fuera agrícola, industrial o comercial; *"la nueva sociedad —continuaba— ha de tener como objetivo preferente, casi único, el desarrollo de la producción. La comunidad social debe ser una comunidad de 'trabajo'; y la nación debe convertirse en un gran taller que haga posible la desaparición de los ociosos y de la clase que vive a expensas de los demás."*

Charles Fourier también ponía todas sus esperanzas en la formación de comunidades cooperativas en las que se concretaría la armonía social producida por la asociación de trabajadores en grupos de producción y de consumo: *"Todos —decía— serían, al mismo tiempo, productores y consumidores. Nadie estaría ocioso y, por tanto, no habrían amos. Todos serían "tercer estado"* (clase media).

Como vemos, los primeros "movimientos obreros" (repito: de verdad) no estaban politizados; no estaban por cambiar el "sistema", sino por integrarse en él responsablemente. De ahí las primeras asociaciones de asistencia y ayuda mutua. Este era el camino propuesto por los "prácticos".

El marxismo

En cuanto al camino propuesto por los **teóricos,** empecemos por el **marxismo**. Estos proponían cambios mucho más drásticos y <u>destructivos</u>:

"El "cuarto estado" —decían— tiene el derecho de alzarse golpista y revolucionariamente para destruir al "tercer estado". Porque ¿no habían empleado ellos la táctica revolucionaria para alzarse con el poder? Pues, ¿por qué ahora el "cuarto estado" no iba a secundar los mismos pasos que habían dado sus predecesores? Si en la Revolución hubo argumentos a favor de la

lucha armada, ¿por qué los "marginados" del siglo XIX, afectados por la voracidad de la competencia industrial, iban a dejar de aceptar para sí el uso de la violencia?[6]

Y, concluían:

"La revolución no sólo es necesaria, porque la clase dominante no puede ser derrocada de otro modo, sino también porque, únicamente por medio de una revolución, la clase que "derriba" logrará salir del cieno en que está hundida y volverse capaz de fundar una sociedad sobre nuevas bases". (Con estas palabras terminan Marx y Engels su obra titulada *"La ideología alemana".*

Como vemos, para Marx y Engels la lucha de clases tenía por objetivo destruir todas las riquezas —tachadas de burguesas— y aniquilar, así, las desigualdades entre clases sociales. Y, ¿cuál era el camino a seguir? Tomando por asalto el "poder", confiscando todo el capital del tercer estado (la clase media) y dominando y poseyendo todos los instrumentos de producción. Es decir: creando un Estado centralista y dictatorial que la aniquile. (Finalmente hoy, ciento cincuenta años más tarde el socialismo casi lo ha logrado: la clase media está prácticamente destruida.)

Y, ¿quién dirigirá este Estado centralista y dictatorial? *Una élite* —respondería Lenin cincuenta años más tarde— *inteligente, disciplinada e instruida, salida del propio proletariado. Y, aunque esta pequeña élite esté esencialmente desprovista de fuerza por sí misma, si es capaz de encauzar el enorme impulso de las masas,*

---

[6]   Marx y Engels (ambos, niños bien) mentían (a sabiendas) al decir que el "tercer estado", es decir, la clase media con ansias de libertad, recurrió a la violencia para derribar al *ancien régime*. Si más tarde hubo violencia y terror, durante la Revolución Francesa fue, porque personajes —tan **reaccionarios** como ellos— "incendiaron" a las masas. Odiaban la "emancipación", la "libertad" y el "progreso". Querían, como hoy, convertir al "tercer" y "cuarto estado" en "borregos" obedientes…

hará suya esta inmensa fuerza. Pero eso sí, ¡un dirigente no debe realizar la voluntad popular, ¡porque ésta siempre es corta de vista o supone un juicio equivocado! Es la élite quien tiene que decidir cuál es la política correcta, ya que armada con la ciencia marxista, tiene siempre la razón, etc., etc., etc…

Anarquismo

En las antípodas de éstos se encontraba el segundo camino de los "**teóricos**": el de los "*anarquistas*" representados por Proudhom y Bakunin.

Proudhom, el único de los "teóricos" nombrados en este estudio que procedía realmente de la clase obrera (todos los demás eran "intelectuales" hijos de la clase media más bien estante), era contrario a cualquier tipo de Estado.

"No queremos —escribió— el gobierno del hombre por el hombre, ni la explotación del hombre por el hombre." Y con esta inquebrantable fe en el "hombre" y en su "libertad", rechazaba drásticamente la participación obrera en cualquier lucha "política"; Proudhom pensaba que la emancipación obrera se lograría únicamente a través de la asociación y mediante el desarrollo del mutualismo (no para integrarse, como proponía el "movimiento obrero" en el "sistema" sino para prescindir de él)

Su objetivo final era "*una sociedad sin mando, la condición existencial de las sociedades adultas*" —decía— *mientras que la jerarquía, lo es de las sociedades primitivas."*

Según él, "*La llave de este camino revolucionario no puede ser otra que el progreso personal y social, que no podrá lograrse sin un esfuerzo continuado para acercarse a lo que es justo."*

(Como podemos ver las ideas "anarquistas" se parecían mucho a las de los verdaderos "liberales". La única diferencia es que los anarquistas, más utópicos que los liberales, repudiaban la propiedad privada.)

Mijaíl Bakunin (ex-noble ruso) también veía con entusiasmo la liberación de las capas más humildes de la sociedad. Y, tras señalar que el Estado siempre ha nacido —según muestra la historia— de la violencia y la rapiña. Por tanto, proponía que, si el pueblo quería ser verdaderamente libre, tenía que tener la suficiente madurez y auto-control para organizarse responsablemente al margen de líderes y gobernantes. Bakunin no sólo propugnaba la disolución del Estado sino la destrucción de cualquier entramado de poder.

Como podemos ver, tanto Proudhom como Bakunin estaban totalmente enfrentados a los "marxistas".

Bakunin escribió:

"(...) es sobre la ficción de esta pretendida representación del pueblo y sobre el hecho real de la administración de las masas populares por un puñado insignificante de privilegiados, elegidos o no elegidos por las muchedumbres reunidas en las elecciones y que no saben nunca por qué y por quién votan. (...) La única diferencia que existe entre la dictadura revolucionaria y el estatismo no está más que en la forma exterior. En cuanto al fondo, representan ambos el mismo principio de la administración de la mayoría por una minoría".

"(...) así, pues, desde cualquier parte que se examine esta cuestión, se llega siempre al mismo triste resultado: el gobierno de la inmensa mayoría de las masas del pueblo por una minoría privilegiada...

Pero esa minoría, nos dicen los marxistas, estará compuesta por "trabajadores". Sí, de antiguos "trabajadores" quizás, pero cuando se conviertan en gobernantes o representantes del pueblo, cesarán de ser "trabajadores" y considerarán al mundo trabajador desde su altura estatista; no representarán entonces al pueblo, sino a sí mismos y a sus pretensiones de querer mantenerse en el poder. El llamado "Estado del pueblo" no será más que una administración despótica de las masas del pueblo por una nueva y muy reducida aristocracia. El pueblo no es sabio y, por tanto, al ser enteramente eximido de sus responsabilidades será globalmente incluido en el rebaño administrado. ¡Hermosa Liberación! Mijaíl Bakunin *"Cartas a un francés sobre la crisis actual".*

¡Qué sabias palabras!, las de Bakunin. Ciento cincuenta años después, la gente sigue confiando en los "profesionales", ya sean de derecha, izquierda, del centro, de arriba o de abajo… Bakunin tenía razón: el pueblo no es sabio; se deja engañar y se auto-engaña con una facilidad pasmosa.

A partir de la segunda mitad del siglo XIX, *el movimiento obrero* (es decir, los del camino "práctico") logrará que se reconozca el derecho de asociación, formándose los primeros sindicatos. Éstos lograrán reducir la jornada laboral y mejorar las condiciones de salubridad en el trabajo. Pero, en cuanto a los salarios, que es lo que realmente interesa al obrero, poco o nada lograrán. Cada vez que exijan aumentos, aumentará el paro. Sin embargo, el extraordinario desarrollo técnico del siglo XIX y, la cada día más disponibilidad de capital para invertir en nueva maquinaria y técnica, permitirán al obrero aumentar su producción y, por tanto, aumentar sus ingresos y su nivel de vida.

En cuanto al anarquismo poco recorrido tendrá. La gente cree que es imposible vivir sin amos.

El marxismo, que poca repercusión tendrá hasta las últimas décadas del siglo, se escindirá en tres movimientos: el propio comunismo marxista, el socialismo parlamentario (es decir, el marxismo integrado en el "sistema") y el fascismo.

Ahora, después de este brevísimo apunte acerca del "cuarto estado", sigamos con nuestra historia…

Capítulo XI

La Dictablanda

(La Segunda República y El Segundo Imperio)
1851-1870

"Todas las revoluciones modernas acaban robusteciendo al Estado.
1798, lleva a Napoleón,
1848, a Napoleón III,
1917 a Stalin,
las perturbaciones italianas de la década del 20, a Mussolini y
la república de Weimar, a Hitler.

Albert Camus. *"El hombre rebelde"* (1951)

"Todas las revoluciones políticas
perfeccionan a esta máquina, llamado Estado,
en vez de destrozarla.
Los partidos que luchan alternativamente por su dominación,
consideran la toma de posesión,
de este inmenso edificio, como botín del vencedor."

Karl Marx. *"El 18 de Brumario de Luis Napoleón"* (1852)

Luis Napoleón presidente de la Segunda República

Efectivamente, el miedo a la bandera roja llevó a la presidencia de la II República a un sobrino de Napoleón Bonaparte[7].

---

[7] En el año 2014, un estudio del ADN de Luis Napoleón demostró que no estaba emparentado con los Bonaparte. Su padre debió ser un "amante" de su madre, Hortensia Beauharnais (hija de la emperatriz Josefina), casada con el hermano más joven de Luis Napoleón.

Sus primeros tres años los dedicó a ganarse a todos: a la burguesía y a la clase media en general, al gran mundo rural y, en particular, al "pueblo", presentándose como el verdadero valedor de sus intereses. Invocó a la economía, jugó con el temor a los desórdenes, apeló a la religión, volvió al revés las reglas de la república, utilizó sobornos y amenazas y, como veremos, finalmente se valió de la fuerza armada para conseguir lo que realmente quería: ser entronizado, como su tío, "Emperador" y fundador de una dinastía…

Eso último se puso de manifiesto cuando propuso una revisión de la Constitución Republicana (que preveía un mandato presidencial de sólo cuatro años, sin posibilidad de renovación) para poder ser reelegido indefinidamente. Todos los miembros de la Asamblea, (tanto los políticos orleanistas como los políticos borbónicos y los políticos republicanos), es decir, todos los "políticos", se opusieron rotundamente.

El "golpe de Estado"

En la noche del 1 al 2 de diciembre de 1851, se dio un golpe de Estado. Luis Napoleón dijo que había tomado el control *"porque el pueblo francés, harto de los políticos y de la "política", así lo deseaba…* De manera que desalojó la Asamblea Nacional (el Parlamento) a la vez que restablecía el sufragio universal (se volvió a los 10.000.000 de votantes, sabiendo que el voto rural era suyo) y convocó un "plebiscito" para preguntar, esta vez al pueblo, y no a los "políticos", si estaban de acuerdo con una presidencia vitalicia.

El ejército, nostálgico de las pasadas glorias napoleónicas, se puso inmediatamente al lado del golpista, ocupando todos los puntos estratégicos de París, mientras que se empezó a arrestar a todos los que pudiesen organizar la defensa de la "legalidad". Los políticos, viéndose en peligro, exhortaron, una vez más, al "pueblo" a salir a la calle y levantar barricadas; pero después de su última experiencia (al sentirse, como siempre, "utilizado") el "pueblo" no se movió. Por el contrario, unos días más tarde, éste lo plebiscitó con 7.800.000 votos a favor, frente a 600.000 en contra.

De manera que, contando con aquel apoyo, casi unánime de la población, Luis Napoleón se autoproclamó príncipe-presidente de la II República.

Luis Napoleón había dado un magnífico ejemplo de cómo un político populista podía hacerse con un poder dictatorial con el beneplácito del pueblo. El fortalecimiento de su poder, las características de una nueva Constitución, de carácter imperial, aunque formalmente republicana, hicieron fácil el tránsito hacia lo que él más deseaba: ¡convertirse en "Emperador"! *El Imperio*, según sus palabras, *sería garantía de paz, de concordia moral y reconstrucción material.*

En un nuevo plebiscito, celebrado semanas después, 7.824.000 franceses le volvieron a dar su "aprobación" frente a 253.000 que se opusieron. La abstención fue menor del 20 por 100, por lo que cabe concluir que la medida contó con un notable apoyo popular. Por sexta vez en menos de cuarenta años, Francia cambiaba de régimen: de la República, pasó al Imperio.

Napoleón se instaló en las Tullerías y adoptó el ordinal tercero. La boda con Eugenia de Montijo, a finales de 1853, completó la imagen de estabilidad de la nueva dinastía.

EL SEGUNDO IMPERIO (de 1852 a 1870)

El carácter autoritario y fuertemente personalista del nuevo régimen "imperial" se puso de manifiesto en la configuración y funcionamiento de sus instituciones. El equilibrio (la separación de poderes) entre el legislativo, el ejecutivo y el judicial, reestablecido tras la revolución del 48 (durante la breve II República), se quebró en beneficio del propio Emperador. El ejecutivo (gobierno) estaba totalmente dominado por él, mientras que el poder judicial también perdió su independencia; la cúpula judicial, como hoy, fue nombrada a dedo. La Asamblea (el Parlamento) no contó para nada; pasó a desempeñar un papel testimonial…

El Emperador, pues, se convirtió en el centro de la vida pública y política del país. Designó y relevó a su criterio los principales cargos políticos; todos los funcionarios debían prestarle juramento de fidelidad. Asumió el mando de las fuerzas armadas, la facultad de firmar tratados internacionales, de declarar la guerra o el estado de sitio, de ejercer el derecho de gracia, etc., etc.

Los ministros eran meros auxiliares del Emperador; no constituían propiamente una parte del gobierno, ya que, cada uno de ellos, aislado de los demás, se ocupaba exclusivamente de su cartera y no era responsable más que ante él. Toda la Administración estaba escrupulosamente sometida a la tutela imperial. Los alcaldes de municipios con más de 3.000 habitantes eran nombrados directamente por el Gobierno.

Realmente, el régimen del Segundo Imperio no estimuló a los franceses hacia la vida pública ni hacia la participación ciudadana en las tareas públicas; sin embargo, el Emperador prometió (y cumplió hasta que el régimen, como todos, se corrompió) que el Estado no intervendría en la vida económica del país. "*Por tanto, —decía—, los franceses son absolutamente libres para emprender cualquier actividad de carácter privado, hacer grandes negocios, enriquecerse sin trabas ni excesivos impuestos, incluso de pensar en lo que quieran, mientras no se metan en política*".

Luis Napoleón, como buen dictador populista, autorizó la huelga mientras no fuera violenta y no atentara contra la libertad de trabajo. Asimismo, autorizó cooperativas e incluso algunos sindicatos obreros, a condición de que se mostrasen "razonables" y no se metiesen en política. El régimen —como podemos ver—, era una mezcla de generosidad y de autoritarismo.

Los casi veinte años que duró el II Imperio marcaron profundamente a Francia, sobre todo porque conoció entonces, en todo su esplendor, lo que fue la "revolución industrial".

Ya que hemos hablado del "*liberalismo*", del "*nacionalismo*" y del "*socialismo*", sólo nos queda hacer un pequeño comentario acerca de la "*revolución industrial*" (o, "capitalismo").

Capítulo XII

La Revolución Industrial
(¡Productividad!)

> *"El Capitalismo es el único sistema de la historia*
> *en el cual la riqueza no se adquiere mediante el saqueo,*
> *sino mediante la producción."*
>
> *"El estatismo sobrevive saqueando,*
> *un país libre sobrevive por la producción"*

Any Rand , (1905-1982) filósofa y escritora de origen ruso

Durante la mayor parte de la Historia la productividad del ser humano había sido muy pequeña. Por tanto, si se producía poco, se consumía poco. La gente vivía con lo mínimo. Sin embargo, durante el siglo XIX comenzó a producirse en toda la Europa occidental una transformación económica como no se había conocido nunca: se aumentó muchísimo la productividad y ésta repercutió en el consumo. Es decir, la "productividad" —la característica fundamental de la Revolución Industrial— fue la que trajo la riqueza.

¿A qué se debió aquel aumento de la productividad? En primer lugar, a los "*avances técnicos*". En segundo lugar, a la "*especialización*". En tercer lugar, a los nuevos "*transportes*" y, por último, al "*crédito*". Los cuatro están interrelacionados; unos son consecuencia de los otros.

Tecnología

La incorporación de nuevas tecnologías (que venían desarrollándose desde finales del siglo XVIII) contribuyó de modo decisivo a elevar la productividad del trabajo humano. Un campesino con un arado tirado por un buey y con escaso abono cultivaba poca tierra y obtenía, por tanto, poco trigo. Sin embargo, la aparición de nuevas tecnologías (cosechadoras, trilladoras mecánicas, segadoras, tractores de vapor y fertilizantes químicos) hizo que aumentara espectacularmente la cantidad de trigo producida por cada campesino.

En la industria textil pasó lo mismo; las antiguas máquinas de hilar y tejer, accionadas tradicionalmente por las manos y pies de los trabajadores, pasaron a ser movidas con vapor, revolucionando la productividad de los obreros textiles.

Todas aquellas novedades técnicas desencadenaron a su vez nuevas técnicas. Por ejemplo, la construcción de máquinas de vapor (aplicadas a diversas actividades industriales) reclamó un mayor conocimiento de la resistencia de los materiales para poder hacer así mejores máquinas a vapor; esto llevó a la "siderurgia". Lo mismo que el extraordinario desarrollo de la producción textil, que empezaba a agotar los tintes de origen vegetal, exigió conocer científicamente la naturaleza de los colorantes para obtener cantidades industriales de tintes sintéticos, y así suministrar a la creciente demanda de la industrial textil; nació la industria química.

En aquellas condiciones, donde un progreso exigía otro, las novedades técnicas se fueron multiplicando en todos los campos imaginables; se idearon nuevos procedimientos para la obtención de acero de calidad de un modo realmente industrial, o la obtención de otros nuevos como el aluminio en 1888 o el caucho sintético, entre otros materiales hasta ahora desconocidos. Todo aquel progreso técnico, llevó una vez más a descubrir nuevas fuentes de energía, como el petróleo, el gas o la electricidad, con sus consiguientes aplicaciones, como el motor de explosión, el motor eléctrico, la máquina de coser doméstica, la lámpara incandescente o el cine, etc., etc.

En el terreno de las comunicaciones se instaló el primer cable telegráfico submarino a lo ancho del canal de La Mancha en 1850 y el primer cable trasatlántico, que unió Europa con América, en 1866; poco después se inventó el teléfono (1876) y el telégrafo sin hilos en 1896.

Especialización

Todo aquel avance tecnológico (cuyo arranque —recordemos— fue la máquina a vapor) hizo que surgieran poco a poco unidades de producción muy distintas a las pequeñas explotaciones agrarias y a los talleres artesanales. En el campo, las primeras máquinas agrícolas de gran rendimiento exigían grandes superficies, y los talleres artesanales tenían que convertirse en industrias, donde se pudiesen encadenar una tras otra todas las operaciones necesarias para la elaboración de un producto, y, los obreros, para poder atender con la máxima eficacia cada etapa de la producción, tenían que especializarse. Así, la "nueva maquinaria" (de gran rendimiento) y la "**especialización**" permitieron aumentar extraordinariamente la producción del obrero.

También, la Revolución Industrial hizo que se especializaran regiones enteras. Cada región dejó de producir, como antes, un poco de todo: cada una produjo lo que mejor se le daba, produciendo grandes cantidades de lo "suyo".

La revolución técnica y la especialización crearon, pues, grandes excedentes para vender. Aquel aumento de excedentes elevó la cantidad de mercancías que había que intercambiar entre regiones de un mismo país o entre distintos países. Nacieron así los mercados nacionales e internacionales. Este comercio, cada vez más voluminoso y más distante, exigía renovar urgentemente los medios de transporte de gran capacidad, rápidos y baratos. De lo contrario, el crecimiento económico se hubiera estrangulado al no poderse colocar los excedentes en mercados lejanos.

Transportes

La construcción de mejores caminos y canales, el aumento de las flotas de vela y los nuevos *clipers* habían permitido un comercio suficiente durante la primera mitad del siglo XIX, pero el espectacular aumento de mercancías exigió a los transportes dar un gran salto adelante. A partir de 1850 la máquina de vapor sirvió para arrastrar, sobre raíles de hierro, vagones que antes eran tirados por caballos. El éxito de aquellas máquinas hizo que se crearan las primeras líneas de ferrocarril para mercancías y pasajeros. Además, las vías férreas no eliminaron los caminos, sino que los estimularon como forma de enlazar con la red ferroviaria núcleos urbanos o localidades secundarias que, de otra forma, hubieran quedado aislados del mercado interno o del comercio exterior.

En el transporte marítimo no menos importante fue la extensión y mejoramiento de los medios de navegación. Los barcos de vela fueron sustituyéndose por barcos a vapor con hélice, y la simplificación de las rutas transoceánicas, a través de canales como el de Suez (1869) y el de Panamá (1914). Sin embargo, todos aquellos cambios necesitaban de grandes inversiones de capital

Crédito. Bancos y sociedades anónimas

El crecimiento de la industria nunca se hubiera producido sin incrementar y mejorar el capital fijo (fábricas, utillaje, maquinaria, ferrocarriles, barcos, puentes y canales). De ahí la necesidad de que algunos bancos, que ya existían antes de la Revolución Industrial, se "especializaran" en financiar a largo plazo, a la nueva industria y a las nuevas infraestructuras ferroviarias y marítimas. Así, pues, nacieron los primeros bancos de "inversión".

La bolsa, otra fuente de financiación, y unas nuevas leyes acerca de las sociedades anónimas, pudieron atender, junto con la banca de inversión, las inmensas necesidades de capital que requería la Revolución Industrial.

Consecuencias políticas y sociales de la Revolución Industrial

El progresivo desarrollo de la revolución industrial hizo que, desde mediados de siglo, la economía europea entrara en una fase de clara prosperidad. Atrás quedaron las dificultades experimentadas durante los primeros años de difusión del capitalismo industrial. Y, aunque seguían existiendo grandes desigualdades en el disfrute de aquella prosperidad, ésta contribuyó al reflujo de las tensiones revolucionarias. La percepción generalizada de mejoras, convenció a todos de que era posible el cambio y la mejora permanente dentro del "sistema". Nunca había habido una unanimidad tan aplastante entre economistas o entre políticos y administradores, con dos dedos de frente, acerca de la fórmula del crecimiento económico: la "productividad" que trae el liberalismo económico.

El movimiento obrero lo comprendió (como ya vimos) desde el primer momento y aceptó el sistema. Se preocupó básicamente por la cualificación técnica de sus adheridos y por la negociación. A través de estas dos responsables actitudes, consiguieron mejoras laborales como la jornada semanal de sesenta horas y la interrupción de la jornada laboral a mediodía del sábado. Mientras que los ingresos, tanto de los patronos como los de los trabajadores, aumentaron —tal como ya hemos dicho— al aumentar la producción.

La nueva sociedad, una sociedad realmente de clases medias, impuso una ética en la que los valores fundamentales eran el trabajo duro, la competitividad y la seriedad. De ahí derivó el concepto básico, el de la "responsabilidad", con el que querían aludir a la consecución de la independencia económica por el propio esfuerzo, la autodisciplina, la vida austera y el respeto a los valores de la familia.

.

Capítulo XIII

De la gloria al desastre
1852-1870

"La saciedad engendra la desmesura"
Solón, siglo V a. C., legislador y estadista ateniense. Uno de los siete sabios de Grecia

*"La desmesura al madurar grana la espiga del error,
y, la cosecha que se recoge, sólo consiste en lágrimas"*
Esquilo, trágico griego. Siglo IV a. C.

*"La arrogancia precede a la ruina;
el espíritu altivo a la caída"*
Pr. 16, 18

Durante los dieciocho años que duró el Imperio, todo el país se benefició de la extraordinaria expansión económica que trajo la revolución industrial, y los conflictos sociales prácticamente desaparecieron. En general, todos estaban de acuerdo en que el capitalismo industrial traería un mundo no sólo de abundancia sino de ilustración, de racionalización y de oportunidad para todos. Así que, el pueblo francés se olvidó de la política —tal como le había pedido Napoleón III— y se puso a trabajar…

A los únicos que defraudó toda aquella prosperidad fue a los "teóricos" revolucionarios (Marx y Engels) quienes, aún habiendo admitido que *"las masas se iban a aletargar extraordinariamente como consecuencia de una prolongada prosperidad"*, seguían convencidos de la "inminente" destrucción del capitalismo…

Sin embargo, durante el II Imperio no hubo una "revolución de la pobreza" sino todo lo contrario: una "revolución de la riqueza".

Por tanto, Napoleón III, viendo cómo se enriquecía la sociedad francesa, también él quiso trazarse un programa "ambicioso": devolver a Francia la *"grandeur"* que le había dado su tío Napoleón Bonaparte, y que le había sido arrebatada en el Congreso de Viena de 1815. Y, de esta ambición, de esta desmesura, vino el desastre... Me explicaré:

Recordemos que, tras la derrota de su tío en 1815, las cuatro potencias vencedoras (Gran Bretaña, Rusia, Austria y Prusia) convocaron un Congreso en la ciudad de Viena con el objetivo de impedir que surgiera un nuevo Estado "desestabilizador" como el que se acababa de vencer.

Napoleón III odiaba aquel Congreso de Viena porque, según él, había sido diseñado expresamente para contener a una Francia que también tenía derecho a un "Imperio". Así que, lo primero que hizo para debilitar a los imperios ruso y austríaco, fue apoyar a los incipientes movimientos nacionalistas que empezaban a surgir dentro de sus territorios. La oportunidad se presentó cuando Rusia y el Imperio otomano entraron en conflicto.

Contra el Imperio ruso

A partir de la independencia de Grecia, en 1822, en el Imperio otomano habían despertado las agitaciones nacionalistas, sobre todo en sus territorios europeos. Rusia, por su parte, con la excusa de proteger a los eslavos del sur, quería penetrar en la península de los Balcanes y así tener un acceso al Mediterráneo (El Imperio ruso no podía acceder a él sin el permiso del Imperio otomano que controlaba los estrechos del Bósforo y de los Dardanelos)

Rusia ocupó, pues, la zona que hoy se conoce como Rumania, provocando con ello una guerra entre el Imperio ruso y el Imperio turco en 1853. Gran Bretaña, que no quería ver ni en pintura a

Rusia acercándose al Mediterráneo, se puso inmediatamente al lado de los turcos, y Francia, que quería figurar como "gran potencia", también se puso al lado de los otomanos, únicamente para fastidiar a Rusia.

Es decir, no sólo Napoleón III perdió 100.000 hombres inútilmente, sino que, además, se ganó la enemistad de Rusia. Y no satisfecho con aquel fracaso, se dispuso a atacar al Imperio austríaco.

Contra el Imperio austríaco

En el famoso congreso de Viena, de 1815, Italia había quedado totalmente dividida. En el noroeste de la península, un Piamonte independiente y, en el noreste, los reinos de Lombardía y del Véneto, con su capital Venecia, bajo soberanía austríaca. Más hacia el sur, el ducado de Parma, el ducado de Módena y el de Toscana. Los Estados Pontificios, en el centro, bajo la soberanía del Papa, y, en el sur, el reino de las Dos Sicilias en manos de los Borbones.

El pequeño reino del Piamonte (la región más rica, más ilustrada y más liberal de la península italiana, y la única que en aquel momento reivindicaba la unidad de Italia), efectivamente fue invitado a participar en el Congreso de Paz de París de 1856, que puso fin a la guerra de Crimea (la guerra ruso-otomana, que acabamos de ver).

Cavour, el primer ministro del Piamonte, allí expuso sus reivindicaciones. Sin embargo, Austria no quería oír hablar de una Italia unificada; se negó rotundamente a desprenderse de la Lombardía, con su rica capital Milán y, mucho menos, de Venecia. Napoleón III vio entonces la oportunidad de fastidiar a Austria estableciendo un acuerdo secreto con Cavour para que éste, contando con ayuda militar francesa, declarase la guerra a Austria.

En la primavera de 1859 el hábil Cavour provocó a los austríacos para que entraran en guerra. Ayudado con tropas francesas, tal como estaba pactado, los piamonteses derrotaron a los austríacos en dos sangrientas batallas: la de Magenta y la de Solferino. Entonces, Napoleón III (y no Cavour) se reunió de tú a tú con el mismísimo emperador austríaco Francisco José, firmando un tratado de paz mediante el cual Austria cedía la Lombardía, y su gran ciudad Milán, al Piamonte (Austria todavía conservó durante un breve tiempo Venecia). Con ello, el advenedizo golpista se pudo tutear con un auténtico "emperador". Sin embargo, Francia se ganó la enemistad y el desprecio de Austria. (Francia ya estaba enemistada con Rusia y Austria)

Contra el Imperio británico

Como Gran Bretaña no tenía territorios en el continente europeo, Francia rivalizó con ella, iniciando una agresiva expansión colonial.

De sus dominios coloniales anteriores a la Revolución, Francia había conservado algunos pequeños fragmentos de sus territorios de ultramar, después del congreso de Viena de 1815. Los más significativos se localizaban en el Caribe: la Guayana y las islas de Guadalupe y Martinica. Además, en 1830, durante el régimen de Luis Felipe, se había iniciado la conquista de la que habría de ser la más decisiva colonia francesa: Argelia.

Pero Napoleón III no tenía bastante con aquellas pocas posesiones: quería un auténtico imperio colonial. Francia inició, pues, el desarrollo de la ocupación del continente africano de norte a sur, hasta llegar a controlar casi toda la zona noroccidental de África; desde el Mediterráneo hasta la desembocadura del río Congo; desde Senegal hasta el alto Nilo.

Aquellos territorios incluían las naciones modernas de Mauritania, Senegal, Guinea, Mali, Costa de Marfil, Benín, Níger, Chad, República Centroafricana, República del Congo y el enclave de Yibuti en el Índico. Además de estos importantes territorios en el centro y noroeste de África, se hizo con la gran isla de Madagascar.

En Asia, Napoleón III inició la conquista de la península de Indochina (la actual Vietnam, Camboya y Laos.) Y en el Pacífico las islas de Nueva Caledonia, las islas Sociedad y las Marquesas (lo que se conoce como Polinesia Francesa)

¡Napoleón III tenía proyectado un "Imperio" colonial que sobrepasaría al de Gran Bretaña! Eso, también mosqueó a los ingleses.

Y, por último…

Contra Prusia

Los intentos de unificación italiana, liderados por Cavour, habían revitalizado el *nacionalismo alemán*. Sin embargo, también en Alemania, al igual que Italia, la situación se presentaba muy compleja. Había tres grandes problemas. En primer lugar, existía una multiplicidad de Estados germánicos, producto de situaciones y de tradiciones históricas muy diferentes: los Estados del norte, mayoritariamente protestantes, y que ya conocían los efectos de la industrialización, en contraste con los Estados agrarios y católicos del sur.

En segundo lugar, no quedaba claro cuáles eran los Estados susceptibles de ser unificados; o todos los Estados alemano-parlantes, incluido el Imperio austríaco, o sólo los pequeños Estados pertenecientes a la Confederación germánica.

Y, en tercer lugar, ¿quién lideraría aquella "unificación"?

Prusia (el Estado más rico y poderoso de la Confederación germánica) contaba con un político, el antiguo terrateniente prusiano Otto von Bismarck, que había llegado al cargo de canciller, (primer ministro de Prusia), en 1862, en un momento en que la situación parecía madura para abordar la unidad alemana.

Bismarck, al igual que Napoleón III, también odiaba los acuerdos de Viena de 1815, que obligaban a Prusia a ser un socio menor de Austria, dentro de la Confederación Germánica. Aquello estorbaba sus deseos de liderazgo. La idea de Bismarck era que *"los Estados están determinados por la fuerza, y que sólo el más poderoso prevalece"*.

De manera que Bismarck diseñó un plan de "unidad alemana", a partir del recurso de la guerra y de la diplomacia.

Así, desde 1864 a 1871, emprendió tres guerras minuciosamente preparadas, en cada una de las cuales procuró aislar diplomáticamente al enemigo de turno. En la primera de ellas contra Dinamarca, Prusia y Austria, aliados para aquella ocasión, vencieron con relativa facilidad, y recuperaron los condados de Shleswig y Holstein (Kiel) hasta ahora en manos danesas.

Sin embargo, las desavenenciaso que surgieron entre Austria y Prusia, por la administración de aquellos dos ducados, desataron la tan deseada guerra entre Austria y Prusia, que tras la derrota en Sadowa, permitió a Prusia excluir a Austria de la unificación. (Bismarck siempre se había imaginado una "gran" Alemania sin Austria)

De manera que, todos los Estado del norte, encabezados por Prusia, pasaron a formar un solo Estado, independiente de Austria.

Ahora, a Bismarck sólo le quedaba integrar a Prusia los Estados católicos del Sur: los reinos de Baviera, Wurttenberg y el gran ducado de Badem.

El primer paso fue integrarlos económica y militarmente. No le costó mucho convencerlos; la riqueza y el poderío de Prusia eran tan convincentes que los Estados católicos del sur firmaron un acuerdo de unión económica con Prusia y otro comprometiéndose a poner sus tropas bajo el mando de ésta si un tercer Estado atacara a algún miembro de la Confederación, ya fuera del norte o del sur.

Ahora, sólo faltaba integrarlos políticamente. De ahí que Bismarck utilizara la arrogancia de un Napoleón III "crecido" —y que se creía el nuevo árbitro de Europa— para unificar a los alemanes.

La ocasión se le presentó con motivo de la candidatura de Hohenzollern, primo de Guillermo I de Prusia, al trono vacante de España. Napoleón III se negó rotundamente. Entonces Bismarck maniobró muy hábilmente para que Francia apareciera como humillante y agresiva con todo lo que fuera alemán. El tonto de Napoleón III se sintió "ofendido" y "picó", declarando la guerra a Alemania…

Francia, enemistada con todas las potencias europeas, se encontró sola; ni Rusia, ni Austria ni Gran Bretaña ni el Piamonte, que acababa de recuperar el Véneto, no movieron ni un sólo dedo para ayudar a Francia.

La caída del II Imperio

Ante los primeros reveses militares, dada la superioridad de los ejércitos alemanes, Napoleón, queriendo emular a su tío, se puso al frente de sus tropas. Sin embargo, también, como su tío (en Waterloo), fue derrotado en el campo de batalla (esta vez en Sedán). Napoleón cayó prisionero junto con 104.000 hombres[8]…

Mientras el II Imperio se derrumbaba, las tropas prusianas rodearon París. Entonces, se formó un Gobierno provisional, presidido por Thiers, que se trasladó a Versalles, y, allí, aceptó la derrota. Firmó un armisticio con Bismarck, en el que Francia cedía las ricas provincias de Alsacia y Lorena a Prusia, además de comprometerse a pagar una cuantiosa indemnización de guerra. Pero la guerra no terminó aquí.

---

[8] Napoleón III murió en el exilio en Gran Bretaña en 1873

Los parisinos se negaron a claudicar y, menos, cuando se enteraron de que el Gobierno de Thiers había accedido a que las tropas prusianas desfilaran por los Campos Elíseos[9]; una humillación suprema para una ciudad que siempre se había mostrado tan combatiente. Así, pues, crearon un Gobierno paralelo, de "Defensa Nacional", proclamaron la Tercera República francesa y, dijeron a toda la nación que la patria estaba en peligro. Sin embargo, ésta no se movilizó, y París se quedó sola. Entonces, los cañones prusianos comenzaron a disparar, mientras que las tropas del gobierno provisional francés, esperaban, a ver si se rendía la ciudad, y recuperar la capital…

---

[9] Bismark ya había conseguido lo que quería. Una Alemania unida. No tenía ninguna intención expansiva. Si exigió los territorios de Alsacia y Lorena. fue, únicamente, porque la mayoría de sus poblaciones eran alemano-parlantes.

Pero, antes de mandar regresar sus tropas a Alemania, también exigió que el "**rey de Prusia**", Guillermo I, fuera proclamado "**Emperador de Alemania**" en el Salón de los Espejos del Palacio de Versalles, para dejar constancia "ante todo el mundo" del nacimiento del Imperio alemán. Además, para dar aún más realce internacional, a aquella nueva situación, también exigió que sus tropas entraran simbólicamente en París, para celebrar un "desfile de la victoria". Luego, todos los "ya alemanes" saldrían de Francia.

Capítulo XIV

La Comuna de París
(los setenta y dos terribles días de 1871)

"Soy un partidario de la Comuna de París,
la que no obstante haber sido masacrada y sofocada en sangre
por los verdugos de la reacción monárquica y clerical,
no por eso ha dejado de hacerse más vivaz y más poderosa en la
imaginación y en el corazón del proletariado de Europa:
soy partidario de ella, sobre todo,
porque ha sido una audaz negativa del Estado."

Mijail Bakunin. "Carta a Albert Richars"

El asedio a la ciudad fue una larga y durísima prueba: 72 días. Los parisinos no sólo tuvieron que hacer frente a los constantes bombardeos, a la hambruna y a un crudo invierno con temperaturas de catorce grados bajo cero, sino, sobre todo, al ciego y brutal caos que surgió dentro de sus propias murallas. Veamos qué sucedió…

El gobierno "revolucionario", que se había instalado en el ayuntamiento, y que al principio deseaba actuar en un marco de legalidad, convocó elecciones para disponer de un consejo municipal escogido por el "pueblo".

Sin embargo, desde Versalles, el gobierno nacional preconizó la abstención. Y, ésta fue significativa: un 52 % (la mayoría de los parisinos, pertenecientes a la "clase media", quería la paz al precio que fuera). Con todo, 230.000 ciudadanos acudieron a las urnas y eligieron un consejo ampliamente dominado por "revolucionarios".

El nuevo consejo municipal tomó el título de "Comuna de París", en referencia al consejo municipal del mismo nombre que se constituyó en 1793 durante la segunda, y sangrienta, parte de la Revolución Francesa.

Una ciudad movilizada

Al principio, la Comuna sólo se ocupó de asegurar el abastecimiento de la capital, muy debilitada por el asedio. Las cuestiones políticas y sociales se dejaron para más tarde… Sin embargo, enseguida reaparecieron los símbolos revolucionarios de antaño: la bandera roja y el gorro frigio. Los comuneros volvían a tutearse, como en 1789, llamándose "ciudadano" entre ellos. Se discutía acaloradamente sobre las futuras reformas y las tácticas para combatir, no sólo a los prusianos, sino también a la burguesía. (que llamaban. los "versalleses"). Es decir, todos estaban —de "boquilla"— de acuerdo en una cosa: el amor a una República democrática, social y fraternal.

Sin embargo, pronto empezaron a aparecer las irreconciliables diferencias ideológicas entre los "*marxistas*" y, por tanto, los partidarios del "poder del proletariado", con un fuerte Estado centralizado dedicado al "bien común", y los "*anarquistas*", partidarios de, "nada de Estado". De manera que, aquello de democrático, social y fraternal, pronto quedó como una mera "retórica" populista". Por el contrario: degeneró en el período más terrible, cruel y mortífero de la historia de París. ¿Por qué?

Mientras, las tropas francesas de Versalles, que ya habían logrado entrar en la ciudad, iban progresando (a pesar de las 900 barricadas construidas para cortarles el paso). En tres días, ya habían ocupado la mayor parte de la ciudad. De manera que, para retrasar su avance, la Comuna armó a todo aquel que solicitase un arma. Pero, aquella chusma-chusma armada, en vez de "defender" a la ciudad, comenzó a incendiar numerosos edificios que, según ella, simbolizaban a la monarquía, al Imperio, o a cualquier otro tipo de "autoridad": las Tullerías, el palacio Real, la prefectura de policía, el palacio de Justicia, el Ministerio de Finanzas e incluso el Ayuntamiento, que ardió con todos sus archivos. Parecía como si un apocalipsis de fuego y sangre se abatiese sobre una ciudad enloquecida.

El gran viajero, poeta, novelista y dramaturgo, Théophile Gautier —nada sospechoso de no ser "un hombre del pueblo"— escribió, desde París, durante aquellos terribles días:

"Hay, bajo todas las grandes ciudades, unos fosos de leones, unas cavernas cerradas con gruesos barrotes, en las que se tienen a las fieras, a las bestias malolientes, a las bestias venenosas, a todas las perversidades refractarias que la civilización no ha podido amansar, a los que gustan de la sangre, a aquellos a quienes el incendio divierte como unos fuegos artificiales, a aquellos a quienes el robo deleita, a aquellos para quienes el atentado al pudor representa el amor, a todos los monstruos del corazón, a todos los deformes del alma; a una población inmunda, desconocida a la luz del día, y que se agita siniestramente en las profundidades de las tinieblas subterráneas. Ocurre un día que el beluario distraído olvida sus llaves en las puertas de las jaulas, y las fieras invaden la ciudad aterrada, con sus aullidos salvajes. De las jaulas abiertas salieron las hienas del 93 (durante la segunda parte de la Revolución Francesa) *y, hoy, los gorilas de la Comuna."*

Así, pues, viendo la "calaña" de los "defensores del pueblo", las tropas francesas, a medida que iban avanzando, fueron ejecutando a todo aquel que encontraban con un arma en la mano, restos de pólvora en los dedos, o moratones en el hombro, provocados por el retroceso de un fusil al ser disparado.

Entonces, los "comuneros" parecieron enloquecer más. Pasaron por las armas a todo aquel que pareciese simpatizar con la "burguesía", con la "Iglesia", o con cualquier tipo de autoridad.

Pero, mientras perdían el tiempo en odios, en rapiñas, en saqueos, y en venganzas personales, las últimas barricadas cayeron.

Cerca de 40.000 insurgentes fueron arrestados y encerrados en campos militares. 24 cortes marciales hicieron comparecer a 12.500 de ellos; pronunciaron 93 condenas de muerte y más de 4.000 penas de deportación, la mayoría de las cuales se cumplieron en Nueva Caledonia, aquel archipiélago de Oceanía, donde Francia había establecido una colonia.

Como es de suponer, la Comuna, a pesar de verse sobrepasada por las "fieras salvajes", se convirtió en un mito y una fuente de inspiración para los movimientos marxistas y anarquistas de las últimas décadas del siglo XIX y principios del XX, ya que había destruido, para siempre, los **ideales políticos** de la "clase media ilustrada": *"la 'moral', como base de la sociedad y, la 'conciencia', como base de la ley"*

Mientras París ardía, Karl Marck, sólo interesado en destruir a la clase media, escribía desde Londres:
"Gracias al combate emprendido en París, la lucha de la clase obrera, contra la clase capitalista y el Estado capitalista, ha entrado en una nueva fase. Sea cual sea el final, se ha obtenido un nuevo punto de partida cuya importancia histórica es universal."

Y, en esto, no estaba equivocado. El historiador francés François Furet, especialista en la Revolución Francesa, escribió más tarde:

"En aquel París que ardía, los ideales de la Revolución Francesa se despidieron para siempre de la Historia."

Sin duda, a partir de aquel momento, Francia, y todos los países europeos, entraron en una nueva fase histórica, que destruirá la revolución de la "libertad individual" y la sustituiría por **una política de "masas"**. Es decir, por una "política" basada en la manipulación, en la demagogia y en la mentira, en un desprecio a la auténtica libertad y a la auténtica democracia.

Tercera parte

EL FIN DE LA CLASE MEDIA

Capítulo XV

La época contemporánea
La Democracia

*"Hay un hecho que, para bien o para mal,
es el más importante en la vida política europea
de la hora presente.
Este hecho es el advenimiento de las masas
al pleno poderío social"*

Ortega y Gasset *La rebelión de las masas.*

Una vez sofocada aquella revuelta "republicana", el gobierno provisional, presidido por el viejo orleanista Thiers, pretendió disolver a la joven III República y volver a reinstaurar la monarquía, como garantía de orden y estabilidad.

Pero los monárquicos estaban divididos: los *borbónicos* apostaban por un nieto de Carlos X, el conde de Chambord, mientras que los *orleanistas,* por un nieto de Luis Felipe de Orleans, el conde de París...

Así transcurrieron los primeros seis años de aquella República, dirigida por gente que detestaba a la República, discutiendo cuál de los dos "clanes" se hacía definitivamente con el poder.

Después de muchas discusiones, finalmente se llegó al acuerdo de que subiría al trono el conde de Chambord, que no tenía descendencia, y que, a su muerte, le sucedería el conde de París o los descendientes de éste.

Pero había otro problema: mientras el candidato orleanista era "moderado" (como su abuelo Luis Felipe) y, por tanto, aceptaba una monarquía "parlamentaria" (pero, eso sí, con voto reducido), el candidato borbónico (que era tan inflexible como su abuelo Carlos X) deseaba reinstaurar una monarquía tradicional a la antigua usanza. El símbolo de su obstinación era la no aceptación de la bandera tricolor sino la blanca, propia del Antiguo Régimen; con ello quería expresar claramente su hostilidad a la obra de la Revolución Francesa.

Pero como aquellas componendas no fueron aceptadas por un país que ya había "madurado" (o que estaba en vías de hacerlo), la opción monárquica finalmente quedó descartada y, a partir de 1881, la III República quedó definitivamente consolidada. Los privilegiados de siempre (los que viven del "poder" o alrededor de él), se habían dado cuenta de que el mundo había cambiado y que la política había dejado de ser un asunto de "minorías" para convertirse en un asunto de "mayorías". ¿Por qué?...

La nueva "realidad". La segunda revolución industrial

En 1881 la economía de los países desarrollados había cambiado espectacularmente. Se había entrado en una nueva era tecnológica, ya no determinada por las invenciones y métodos de la primera revolución industrial (el vapor), sino por unas nuevas fuentes de energía (la electricidad, el petróleo, las turbinas, y los motores eléctricos y de explosión), que transformaron y enriquecieron a toda la población, y no, como antes, a unas minorías. Se había entrado plenamente en una economía de mercado dirigida básicamente al consumidor doméstico, no sólo por los crecientes ingresos de las clases medias sino, sobre todo, por el evidente desarrollo demográfico de los países desarrollados. De 1870 a 1914, la población europea pasó de 290 millones a 435 millones. Se entró, pues, en el período de la producción en serie, para satisfacer a una masa cada día con mayor poder adquisitivo.

Aquello —y esto es importante— se tradujo en un espectacular aumento de la población urbana, Esto, más la ampliación del derecho electoral, hasta alcanzar a la totalidad de la población masculina adulta, hizo que <u>las masas urbanas</u> (no tan "conservadoras" como las rurales) <u>se convirtieran en la clave de la vida política, social y económica de los países occidentales</u>: ¡Había que contar con ellas!

Ante aquella nueva "realidad", una nueva política de masas (la *democracia*) inevitablemente tenía que sustituir a la vieja política de minorías.

La democracia

El sufragio universal y la aparición de grandes núcleos urbanos no fueron, por supuesto, las únicas causas de aquel cambio en la manera de hacer "política", de finales del siglo XIX y principios del XX. También influyó, de forma decisiva, la extensión de la enseñanza gratuita y obligatoria (el fin del analfabetismo), y el desarrollo de una prensa de gran difusión (la "información" al alcance de todos, como la TV de hoy)

Aquella nueva realidad "social" desconcertó a los partidos tradicionales, que carecían de una ideología que no consistiese únicamente, en, o monarquía (con su "teórica" estabilidad y orden) o república (con su riesgo de inestabilidad y des-orden)…

Por tanto, aquel "vacío" dio lugar al surgimiento de nuevas ideologías, que no apelaban, como antes, a unas minorías, sino a unas mayorías urbanas cada día más permeables a lo "nuevo". Así que, aparecieron el *nacionalismo de masas* y el *socialismo*, que trastocarían toda la política europea de finales de siglo.

Veamos qué sucedió…

Los primeros partidos socialistas.

Las viejas "teorías" desarrolladas en la primera parte del siglo XIX por los proto-socialistas (Saint-Simón, Charles Fourier, Proudhom, etc.) y los marxistas (Marx, Engels), todos ellos pertenecientes a una minoría de la clase media ilustrada, fueron, durante todo el siglo XIX, influenciando progresivamente a unas poblaciones cada día más "informadas".

Ahora bien. Ya vimos cómo, en aquellos primeros teóricos del socialismo, había dos posturas radicalmente opuestas: los que estaban por integrarse en el sistema capitalista, y los revolucionarios que sólo pensaban en destruirlo.

Los primeros, como recordaremos, consideraban al socialismo como "una idea moral", y no como el fruto de un análisis "científico" de la vida económica (como decían los marxistas) y, por tanto, como un proceso gradual de mejora —no sólo de la sociedad, sino también de uno mismo— dentro del propio sistema capitalista. (Según ellos, el único capaz de "emancipar", de verdad. a la clase trabajadora).

Por el contrario, los "revolucionarios", enfrentados a aquellos, rechazaban cualquier compromiso ideológico y político con el orden establecido, *"ya que éste —decían— estaba condenado a su autodestrucción, después de haber pauperizado a las clases trabajadoras. Por tanto, había que destruirlo cuanto antes"…* Esa era, como recordaremos, la postura de Marx y de Engels.

Ahora bien, a finales del siglo XIX, nadie —o casi nadie— podía sostener que se producía el enfrentamiento social y la pauperización de la clase trabajadora —dos condiciones *sine qua non* de la "revolución" futura, según los viejos marxistas. Todo lo contrario. El nivel de vida y el poder adquisitivo de la clase obrera habían aumentado, por lo que las condiciones de vida de las clases populares habían mejorado considerablemente.

Aquella nueva realidad, expansión y prosperidad, jamás alcanzadas hasta ahora (que además en aquel tiempo parecía duradera), creaba un entorno en que los fenómenos políticos y económicos eran muy diferentes a las apocalípticas previsiones, que Marx y Engels habían hecho cuarenta años atrás. De modo que, ante aquel indiscutible hecho, el socialismo marxista tuvo que enfrentarse a una nueva "realidad" imposible de explicar mediante su pretendido "análisis científico". Fue en aquel momento, a finales del siglo XIX, y en plena segunda revolución industrial, cuando empezó la famosa "crisis del marxismo".

"La crisis del marxismo"

La mayoría de los marxistas se resignaron ante la perennidad del régimen capitalista y democrático. Pensaron que lo más sensato y realista era integrarse en una sociedad, ya no compuesta por un proletariado empobrecido y sin esperanza, sino por una clase media, cada día más bien estante y con muchas cosas que defender y, por tanto, con pocas o ningunas ganas de "revolucionarse".

Sin embargo, quedó una minoría que, aún reconociendo el fracaso de la previsión marxista, rechazó cualquier compromiso ideológico y político con el orden establecido. Aquella minoría, que persistía en sus veleidades "revolucionarias", reivindicó para sí el título de *"revisionistas revolucionarios"*, ya que de ninguna manera querían adaptarse (o integrarse) en el sistema, sino todo lo contrario: ¡destruirlo!, retornando a las fuentes del marxismo *"para que éste volviera a ser, lo que nunca debía dejar de ser: una máquina de guerra contra la democracia burguesa"*. Por supuesto, éstos siempre fueron (y siguen siendo) una minoría en toda Europa, incluida Rusia cuando en 1917 tomaron el poder por asalto, y no por las urnas.

Por tanto, dejando de lado a aquellos exaltados, de los que hablaremos en el siguiente capítulo, la ampliación de los electorados hasta alcanzar a toda la población adulta masculina, la paulatina cristalización de las libertades políticas (los sindicatos y las asociaciones obreras fueron autorizados definitivamente en 1884), la concentración urbana y la escolarización universal (y gratuita), favorecieron la aparición de los primeros partidos "socialistas democráticos" (la *socialdemocracia*) liderados por antiguos marxistas "reconvertidos".

Sin embargo, su éxito en las urnas fue muy moderado hasta la I Guerra Mundial, ya que, pese al reconocimiento de los sindicatos y de los partidos obreros, sólo una minoría de trabajadores estaba sindicada o votaba socialista. Una parte considerable de la clase obrera permaneció al margen de la política e, incluso, de los conflictos laborales; o porque temían a las huelgas y a los desórdenes, al estimarlos contraproducentes y lesivos para sus intereses (al entender que el trabajo y el ahorro eran el único camino para la movilidad social) o, pasaron de la "política", porque la veían como el modus vivendi de una reducida secta de privilegiados (ya se autoproclamasen "socialistas", "progresistas", "obreros" o lo que fuese) No querían saber nada de "profesionales" o "vividores" de la política.

Por tanto, buena parte de la corriente socialista democrática —aquella más vinculada a la tradición republicana— no logró constituirse, en aquella época, en un partido organizado, sino que se encauzó a través de la figura de los llamados socialistas "*independientes*", como Alexandre Millerand y Jean Jaurés.

Millerand fue el primer "socialista" que "entró en el sistema" como ministro de Comercio e Industria en 1899, hecho que suscitó feroces críticas de los "*revisionistas revolucionarios*", por considerar "vergonzosa" su colaboración con un gobierno burgués.

También, Jean Jaurés, heredero del espíritu de 1789, fue un firme partidario de las "reformas" dentro del sistema, y partidario de *"una alianza cordial entre los obreros y la clase media por el triunfo de la libertad, de la igualdad y de la fraternidad".*

Por tanto, con Millerand y Jaurés, el socialismo francés se hizo "democrático".

Resumiendo, a finales del siglo XIX y principios del XX, el socialismo estaba dividido entre los "revolucionarios" (que aún estaban por destruir el sistema) y los "demócratas" (que comenzaron a integrarse en él)

El nuevo socialismo europeo occidental

El caso Millerand y Jaurés causó una gran polémica en el socialismo marxista, acusándoles de "traidores". Pero aún causó más conmoción cuando el alemán Eduard Bernstein escribió, en su libro *"Las premisas del socialismo y las tareas de la socialdemocracia"*, que:

"…los obreros ya viven mejor, el capitalismo es más fuerte y existe ya una legislación social, lo que conduce a una revisión y corrección del pensamiento clásico marxista".

Bernstein admitía que algunos valores "liberales" eran positivos y que éstos podrían enriquecer al socialismo. *"La burguesía actual* —continuaba en su libro— *no es ya la que criticaban Marx y Engels: está mucho más fragmentada* (una gran burguesía del poder y del dinero, una burguesía de los grandes, medianos y pequeños negocios y una inmensa clase media con intereses muy diferentes entre sí) *y parte de ella es susceptible de adherirse al socialismo. Para ello el sufragio universal es la gran arma del proletariado. Donde existe el sufragio universal los obreros tienen más poder y pueden hacer más presión, y así lograr cambios sociales".*

Para Bernstein, pues, la extensión de los derechos democráticos a las clases desposeídas —específicamente el derecho a voto a quienes no eran propietarios (como antes con lo del derecho "censitario")— cambiaba las reglas de la política:

"La democracia se ha transformado en conquista y herramienta popular y, por tanto, supera la necesidad de insurrección o guerra civil, a fin de instaurar una dictadura del proletariado. La ampliación de la democracia y los logros de beneficios sindicales hacen posible que el proletariado tenga más derechos a defender y, por lo tanto, menos razones para la insurrección."

Como vemos, Bernstein fue el auténtico padre de la "**socialdemocracia**" que sirvió de modelo a los demás partidos socialdemócratas que se desarrollarían en toda Europa.

La *socialdemocracia*, inspirada por Bernstein, tuvo tanto éxito en Alemania (el partido llegó a contar con un millón de votos) que el canciller Otto von Bismarck, asustado por aquel avance "político" del "proletariado", decretó su prohibición. Sin embargo, como contrapartida, creó el primer sistema general de Seguridad Social promovida por un Estado moderno: aprobó una *Ley de seguro de enfermedad*, financiado por trabajadores y empresarios; una *Ley de seguro contra accidentes*, esta vez costeado sólo por los empresarios; y, finalmente, la *Ley de seguro de invalidez y de vejez,* financiado por empresarios, trabajadores y el propio Estado. Los trabajadores quedaban así asegurados contra la enfermedad y el accidente, al tiempo que se creaba un sistema de pensiones para su jubilación.

El modelo alemán tuvo repercusiones inmediatas en toda Europa. Todos los países introdujeron medidas similares a partir de 1890.

Sin embargo, aquel nuevo papel del Estado provocó, paralelamente, un desarrollo sin precedentes de las maquinarias administrativas públicas en toda Europa. El número de funcionarios se duplicó, llegando en Francia de los 389.000 a 700.000 (Hoy en España, incluso contando con la ayuda de la "informática", hay más de 3.000.000)

Eso fue lo que llevó al sociólogo Max Weber, a ver la "burocratización" como una de las principales tendencias de la sociedad moderna. Weber entendía que las burocracias llegarían a constituir un poder social dominante e independiente, que amenazaría a la larga (hoy) las mismas libertades individuales en nombre de la razón y del bienestar administrativo: *"la dictadura de los funcionarios —escribió—, y no la del proletariado, es la que avanza"*. Tal como vio Weber, la edad de las masas (fáciles de manipular) y de la inmensa burocracia (el verdadero poder) llevaron a la I Guerra Mundial.

Para finalizar este capítulo, recordaré que Bismarck se había inspirado en Ferdinand Lassalle y sus ideas "paternalistas" de la democracia para instaurar el primer "Estado de Bienestar". Lassalle pensaba que *"la humanidad está regida por avatares fuera del control del individuo, por lo que se hace necesario que el Estado tome a su cargo el bienestar de la población"*.

Es decir, Lassalle creía que el Estado debía intervenir en materia social para proteger al "débil" humano. Al igual que Bernstein, creía que la fase "revolucionaria" había llegado a su fin y que sólo un nuevo "enfoque legal" (unas nuevas reglas de juego para el capitalismo) podía ayudar al proletariado.

Es decir, si Bernstein fue el padre de la "socialdemocracia", Lassalle y Bismarck fueron los padres del "Estado de Bienestar" y, por tanto, de la "burocracia".

¿Y qué se hizo de los "revolucionarios"? ¿de los que estaban contra el sistema democrático?...

De esos y del nacionalismo de masas hablaremos en el siguiente capítulo…

Capítulo XVI

Los enemigos de la democracia
(la extrema derecha y la extrema izquierda)

*"El nacionalismo y el socialismo fueron, al menos,
las dos fuerzas colectivas que cambiaron
el clima político de la Europa anterior a la I Guerra Mundial"*

Élie Halévy

La extrema "izquierda"

Hemos visto en el capítulo anterior cómo, a finales del siglo XIX y a principios del XX, la gran mayoría del socialismo en Europa se resignó a la perennidad del régimen capitalista y democrático; de ahí la aparición de los primeros partidos *"socialdemócratas"*. Pero también vimos cómo quedó una minoría de socialistas que, aun reconociendo el fracaso de la previsión marxista clásica (la pauperización de la clase trabajadora y el colapso del sistema capitalista), rechazaba, no obstante, cualquier compromiso ideológico y político con el orden establecido. Seguían empeñados en retornar a las fuentes del marxismo para que éste volviese a ser lo que nunca debió dejar de ser: *¡Una máquina de guerra contra la democracia burguesa!*

Ahora bien, aquella minoría de "intelectuales" (y no de obreros de verdad), que persistía en sus veleidades revolucionarias, se escindió, a su vez, en dos ramas. En los países del Este de Europa (básicamente en Rusia) se aferraron al marxismo clásico que, en plena I Guerra Mundial, se materializaría en el marxismo-leninismo ruso o "*comunismo*".

Por el contrario, en la Europa occidental (Francia, Bélgica, Italia, Alemania, Noruega y otros) los "revolucionarios" se alejaron del marxismo clásico y fundaron un nuevo movimiento que se materializaría, después de la I Guerra Mundial, en el "*fascismo*" y en el "*nazismo*" (no olvidemos que, ambos, se auto-proclamaban movimientos "nacional-<u>socialistas</u>").

Aquellos *revolucionarios* ex-marxistas sabían, como sus colegas orientales (que siguieron, dale que dale, con el marxismo ortodoxo), que el proletariado, cada día más integrado en la clase media, ya no era, ni volvería a ser nunca un agente de la revolución antiburguesa. Sin embargo, como no estaban dispuestos a seguirles en su retiro, tuvieron que encontrar para ellos una nueva fuerza revolucionaria de sustitución *"capaz de derrumbar la democracia liberal y de salvar a este mundo abocado a la decadencia por el individualismo, el egoísmo, el aburguesamiento y el conformismo"*.

Y, ¿cómo encontrar una fuerza capaz de destruir al decadente sistema? Llevando la lucha de clases a un nivel superior, esto es, <u>a una guerra entre colectividades nacionales</u>. El principio marxista seguía siendo el mismo: *"la violencia es el motor de la historia"* (**Karl Marx**).

"El estado de guerra —decían— *es el estado natural que prevalece desde siempre entre las naciones: la disciplina, la autoridad, la solidaridad social, el sentido del deber y del sacrificio, y los valores heroicos, son otras tantas condiciones necesarias para la supervivencia de una civilización"*. Por tanto, *"Todo lo que une es positivo: un Estado fuerte, el individuo siempre al servicio de la colectividad, las distintas clases sociales aunadas en un esfuerzo común en pro de la grandeza nacional, mientras todo lo que constituye un factor de diversidad debe ser*

eliminado. La filosofía de la Ilustración, la teoría de los derechos naturales, el internacionalismo, el pacifismo, deben destruirse, así como el egoísmo de la clase burguesa y el egoísmo del proletariado. Lo mismo cabe decir de la democracia, que no es más que la expresión de la decadente burguesía." E. Corradini
"Nacionalismo y democracia"

"De ahí que para garantizar la salvación de la nación es necesario dirigirse al pueblo, exaltar su energía primitiva, el vigor y la vitalidad que desprende el pueblo, no contaminado por el veneno racionalista e individualista" M. Barrés *¿Qué faut-il faire?*

Es decir, para aquellos anti-sistema, de todos los pelajes y colores, su 'socialismo' seguía siendo "revolucionario", por mucho que el proletariado hubiese dejado de serlo.

Por tanto, entre el proletariado y la revolución, optaron por la revolución; y si esta no podía ser proletaria, ¡sería "nacional"! Así, pues, se estableció una síntesis entre, aquella *"izquierda"* (anti-sistema), que se había dado cuenta del potencial revolucionario del "nacionalismo", y el movimiento nacionalista de *"derechas"* (también anti-sistema), que necesitaba atraer a las masas con la palabra "socialista". Así, pues, la extrema izquierda y la extrema derecha **se unieron** contra aquel mundo de "mercaderes", contraponiendo *"un mundo de heroísmo y virilidad en el que se ensalzarán el sentido del deber, el altruismo y sacrificio, lo único —según ellos— que puede regenerar a la sociedad"*.

Este era el denominador común entre los revisionistas revolucionarios y los nacionalistas: su odio hacia la cultura dominante y su deseo de reemplazarla por una alternativa total. Si los *revolucionarios* proporcionaban las "tropas", los *nacionalistas* aportarían la "idea". He aquí lo que explica que tantos hombres de "izquierdas", ya antes de la guerra del 14, se fueran deslizando hacia el nacionalismo radical de "derechas". ¡Y lo primero era "calentar" a la masa!...

El nacionalismo de masas

1º) La definitiva consolidación de los Estados europeos (Alemania se constituyó en un Estado independiente en 1871 e Italia en 1870).

2º) La "nacionalización" de la política y su apertura a las "masas".

3º) El progresivo control de la maquinaria estatal sobre los distintos territorios y sociedades nacionales.

4º) La paulatina integración física y económica de regiones o comarcas.

5º) La aparición de medios de comunicación de masas, y

6º) El creciente papel de las culturas nacionales, como factor de homogenización y cohesión social.

Todo ello hizo que fuera apareciendo el "orgullo" de ser alemán, francés, italiano, español, ruso, inglés, o lo que sea… Es decir, aquel nuevo tipo de *nacionalismo* se convirtió en el principal sentimiento de cohesión de los países y sociedades europeas, y en el principio último de la legitimidad del orden político.

Por supuesto, aquel "nacionalismo" no tenía ya nada que ver con aquel que estaba asociado, en general, con los ideales del liberalismo y, por tanto, con sus exigencias de libertades constitucionales y civiles. Por el contrario, el nuevo nacionalismo de Estado o "nacional" fue adoptando formas agresivas e intolerantes, identificándose con la idea de "grandeza nacional" y de expansionismo militar y colonial que, con la excusa de la superioridad racial, culminó, como veremos, en las políticas autoritarias, populistas y antiliberales de entre guerras.

Es decir, el *nacionalismo* de masas logró "movilizar" a la "tropa". Ahora sólo faltaba seducirlas con una "idea"… Mussolini y Hitler lo harían enarbolando la palabra "*socialismo*" (nacional-*socialismo*)…

Los orígenes del nacionalismo francés

Los orígenes de aquel nacionalismo intransigente e integral los encontramos una vez más en Francia. La derrota ante Prusia en la guerra de 1870-71 no sólo provocó por parte de la "izquierda" un intento de volver al espíritu de 1792, con la Comuna parisina y la proclamación de la III República, sino también la aparición de un *nacionalismo de revancha* encabezado por la "derecha".

En 1882, el poeta y combatiente en aquella guerra, Paul Déroulère, había creado una *Liga de patriotas*, que alcanzó rápidamente la cifra de 182.000 adheridos. Y, si al principio parecía limitarse a promover la educación patriótica, enseguida pasó a denunciar la "prudencia" de la III República, en la cuestión de Alsacia y Lorena, como una política de debilidad y claudicación, y a ver en el sistema parlamentario un obstáculo a los intereses revanchistas de Francia.

Casi al mismo tiempo, Edouard Drumont, escritor y periodista antirrepublicano, publicó un pequeño libro titulado "*La Francia judía*" que, enlazando con los argumentos antirrepublicanos de la Liga, introducía una nueva tesis que iba a tener un gran eco popular: la culpabilidad del capital y la influencia judía en el declinar nacional e internacional de Francia.

Aquella reacción antirrepublicana, racista y antidemocrática también encontró munición en una multitud de escándalos económicos y corrupción generalizada que —como hoy—afectaba a todos los partidos. Pero se reafirmó sobre todo con motivo del *affaire Dreyffus* cuando se descubrió que un capitán del Ejército francés, de origen judío, había sido falsamente acusado por la cúpula militar de haber espiado a favor de Alemania.

Aquella polémica, que se hizo nacional, entre los que estaban a favor del injustamente acusado Dreyffus y los que sostenían que el Ejército francés "nunca podía equivocarse", enardeció al maltrecho "orgullo" nacional.

Maurice Barrés, que había sustituido a Déroulède al frente de la *Liga de* Patriotas, asumió la defensa del ejército (que había fabricado pruebas falsas contra el capitán judío Alfred Dreyffus). Durante el juicio, Barrés apeló constantemente a un nacionalismo exaltado que reclamaba la recuperación de las "esencias" de la tradición e historia francesa, como fundamento de una reforma nacional que volviese a hacer de Francia una nación *armada, gloriosa, organizada y poderosa*. Una gran parte de la opinión pública lo aplaudió…

Pero fue Charles Maurras, escritor y periodista, quien hizo de aquel "nacionalismo" una doctrina autoritaria, antiparlamentaria y antidemocrática. Maurras entendía que los valores eternos de Francia eran la familia, la religión católica y la monarquía. Maurras abogaba, en primer lugar, por *"la restauración de la Monarquía tradicional, antiparlamentaria y descentralizada, como fundamento de un Estado fuerte que pusiese fin a los elementos de división antinacionales como son los Parlamentos y los partidos políticos*; y, en segundo lugar, *"la eliminación de los cuatro estados federados que subvertían a Francia: judíos, protestantes, masones y extranjeros"*. En tercer lugar, *"integrar al 'servicio' de la Nación tanto al capital como al trabajo"* y, por último, *"devolver a Francia su orgullo nacional recuperando Alsacia y Lorena y liberarla del peligro de la amenaza alemana"*.

El pensamiento de Maurras era, pues, una síntesis de todas las ideas reaccionarias francesas: antiparlamentarismo, antisemitismo, catolicismo a ultranza, monarquismo y militarismo.

Maurras y *Acción Francesa*, a la que se incorporaron otros intelectuales y polemistas brillantes, convirtieron de esa forma lo que era una vergüenza —el *affaire Dreyffus*— en una exaltación del nacionalismo, que poco a poco fue preparando un clima de opinión favorable a una guerra de revancha contra Alemania y que propició el desplazamiento a la derecha, que se pudo observar en la política francesa desde 1910.

El nacionalismo italiano

En Italia, unificada en 1870 bajo los ideales del nacionalismo liberal y democrático, la evolución fue similar. El *irredentismo* sobre las regiones de Trento, Trieste y Fiume (la actual ciudad croata de Rijeka), que aún seguían bajo soberanía austríaca; la *derrota militar* frente a Abisinia (el Sedán italiano) y la *frustración* de las expectativas suscitadas por el "Risorgimento" y la unificación, crearon un nacionalismo ultraderechista y antiliberal en la Italia de principios del siglo XX.

El diario ultra nacionalista *L´Idea Nazionale,* publicado por Corradino, era profundamente antiliberal y antiparlamentario y acusadamente autoritario: *"Estado fuerte, exaltación del Ejército, policía de "prestigio", culto a la tradición imperial romana"*, fueron los conceptos que formaron la opinión nacionalista italiana, a principios del siglo XX.

Como podemos ver, aquel nuevo nacionalismo italiano era, como el nacionalismo francés: autoritario y antiliberal. Aspiraba a promover una especie de salvación nacional mediante la destrucción de las instituciones liberales y la creación de un nuevo orden basado en un Estado fuerte y en la Nación. Y aunque éste tuvo poco éxito electoral antes de 1914, los nacionalistas crearon un clima general de pesimismo e insatisfacción con la Italia liberal, que erosionó su legitimidad política.

Como vemos, muchas de las ideas que Mussolini y el fascismo harían suyas a partir de 1919 habían sido elaboradas y difundidas ya antes de 1914.

El nacionalismo alemán

El nacionalismo alemán tuvo desde el principio sus peculiaridades; éste no se definió (como el italiano y francés) por una exagerada exaltación del Estado sino, sobre todo, por una concepción étnico-lingüística de la nacionalidad que asociaba ésta con la *alemaneidad* y la lengua germana. Por tanto, era, en primer lugar, *exclusivista*, al excluir de la germanidad a quienes viviendo en territorio o territorios nacionales no formaban parte de aquella comunidad étnico-lingüística; segundo, *tradicionalista*, pues exaltaba la idea de comunidad orgánica de parentesco y etnicidad del pueblo alemán y de su pasado y, tercero, *irracionalista* (es decir, inexplicable "racionalmente"), pues ponía el énfasis de la nacionalidad alemana en la lengua y en la tradición germánicas en tanto que expresión del "alma", del "espíritu" o, mejor dicho, del "instinto" del pueblo alemán, revelados a través de los grandes mitos nacionales (Odin, Sigfrido, los nibelungos).

La unificación alemana y la proclamación del II Reich en 1871, obra de Bismarck, conseguida, además, tras las grandes victorias militares sobre Austria y Francia, magnificaron el prestigio del Estado y su poder militar. Aquellos éxitos militares y el formidable desarrollo económico, social y cultural, que Alemania experimentó desde 1871, crearon un sentimiento colectivo de orgullo y autosatisfacción, que identificaba el progreso, el prestigio y el engrandecimiento del país con los valores, tradiciones y características del pueblo alemán.

Aquella exaltación colectiva de "orgullo nacional" se apoyó, además, en el prestigio que por entonces aún tenían las teorías de la raza. Por tanto, el nacionalismo alemán integró la gloria de sus logros militares y económicos con sus ideas de superioridad racial. *"Eso —*según ellos*— daba un destino singular para Alemania y la raza germánica".*

Sin embargo, ni en Alemania, ni en Francia, ni en Italia, hubieron gobiernos nacionalistas antes de 1914. Pero en los tres países el nacionalismo constituía ya, antes de esta fecha, un sentimiento emocional de masas (clase media "borrega") que, de muchas formas, condicionó la vida política.

Resumiendo:

En Francia, la reacción nacionalista mantuvo vivo el revanchismo anti-alemán, dividió al país, y erosionó la legitimidad de la III República.

En Italia, que abanderó el irredentismo contra Austria, se debilitó el sistema liberal y preparó el clima para la entrada de Italia en la guerra y para el fascismo de la posguerra.

Y, en Alemania, el nacionalismo dio cobertura ideológica al giro que la política exterior alemana experimentó hacia la reivindicación de un papel hegemónico para Alemania en el ámbito internacional, glorificando al Estado y a la fuerza militar, que, por sus connotaciones etnicistas y antisemitas, derivó en el nazismo.

Los que odiaban a la democracia y a la libertad ya habían hecho su trabajo: en 1914 las mieses (las masas) ya estaban preparadas para la "siega"…

Capítulo XVII

La Primera Guerra Mundial
y sus consecuencias

"Cuando los ricos se hacen la guerra,
los pobres son los que mueren"
Jean Paul Sartre, filósofo, dramaturgo y activista político francés.

"La primera pequeña mentira que se cuente, en nombre de la verdad,
la primera pequeña injusticia que se cometa. en nombre de la justicia,
la primera minúscula inmoralidad que se haga, en nombre de la moralidad,
siempre significa el seguro camino hacia el fin"
Václav Havel, político, escritor y dramaturgo checo

Los "manejos" de los poderosos.

Como vimos, Bismarck estaba absolutamente convencido de que sólo una guerra uniría a todos los alemanes; una agresión francesa —pensaba— impulsaría a los Estados alemanes del sur a buscar la protección de los del norte. Sin embargo, como Bismarck no tenía un pelo de tonto, también sabía que. una vez realizada la unificación, el mayor peligro para la misma sería una Francia humillada por la derrota, y por la pérdida de Alsacia y Lorena. En consecuencia, orientó toda su política exterior para que ésta no encontrara un aliado con que sentirse "fuerte" e iniciar, así, su revancha; objetivo que logró plenamente, mientras estuvo como "canciller" al frente del Imperio alemán durante casi veinte años. Bismarck estableció un sistema de tratados de mutua defensa con Rusia y con Austria, asegurándose con ello el aislamiento de Francia.

Pero en 1890 el canciller fue destituido por el nuevo Kaiser, Wilhelm II. Al poco, Rusia no renovó el tratado de alianza con Alemania. Inmediatamente, Francia inició una serie de negociaciones con Rusia que concluyeron en una alianza de defensa mutua. Es decir, Francia se hizo con un aliado a costa de Alemania.

Además, como el nuevo Kaiser, al contrario que su predecesor Guillermo II, deseaba crear un gran imperio colonial (por esto despidió a Bismarck que no quería dispersar tropas y recursos en aventuras coloniales, ya que lo único que le preocupaba era mantener a las potencias europeas desunidas), inició una carrera armamentista y naval con Gran Bretaña. Aquel fue su segundo error: Gran Bretaña, temerosa de aquel nuevo y poderoso competidor, firmó un "entendimiento cordial" con Francia.

Ahora, Francia ya contaba con el apoyo de Rusia y Gran Bretaña.

Además, aquella *"Triple Entente"* era mucho más poderosa que la *"Triple Alianza"* entre Alemania, una débil Italia, y una Austria-Hungría, compuesta por varias nacionalidades enemistadas entre sí, donde fervientes nacionalistas conspiraban para lograr una Gran Serbia independiente o, tal vez, un gran reino que incluyese a todos los eslavos del Sur. Es decir, una gran "Yugoslavia".

Está históricamente comprobado que todos aquellos "tratados", todas aquellas "maniobras" político-diplomáticas, todas aquellas "componendas", se llevaron a cabo sin el conocimiento de los "pueblos" ni de sus "representantes" (los parlamentos), incluso sin el conocimiento de la mayoría de los miembros de los Consejos de Ministros de los respectivos países. Toda aquella maraña de acuerdos secretos se llevó a cabo por grupos muy reducidos de altos funcionarios, diplomáticos y Estados Mayores, que, operando secretamente, llevaron a los pueblos europeos a la ruina.

Lo de siempre: una "casta" privilegiada e inconsciente, ávida de más poder y de más "prestigio", dispuso del destino de millones de hombres sin consultar a nadie.

¿Cómo o qué desencadenó la catástrofe?

Como recordaremos, el Imperio ruso tenía grandes ambiciones en los Balcanes. Su embajador en Serbia, un paneslavista radical ansioso por reunir a los pueblos eslavos bajo el liderazgo de Rusia, orquestó la formación de la Liga de los Balcanes del sur y, en 1912, Serbia, Montenegro, Bulgaria y Grecia (sabiendo que contaban con el apoyo incondicional de Rusia), declararon la guerra a Turquía.

Aquella guerra provocó una gran ansiedad en toda Europa, particularmente en Austria que temía a una envalentonada y separatista Serbia, apoyada por Rusia. Viendo el cariz que empezaba a tomar el nacionalismo dentro de su propio Imperio, el jefe del ejército austríaco movilizó las tropas con intención de iniciar una guerra "preventiva" contra Serbia. Sin embargo, aquella orden fue inmediatamente revocada por el emperador austríaco Francisco-José. La "tormenta" parecía de momento conjurada…

Sin embargo, Rusia, a través de su embajador en Belgrado, continuó achuchando al nacionalismo serbio diciéndole que "*la tierra prometida de Serbia se encontraba en el territorio húngaro*", y prometiéndoles que Rusia les ayudaría en la "*inevitable futura lucha*" contra Austria.

Para "calentar" más el asunto, Rusia orquestó una nueva Liga, esta vez la de los Balcanes del norte, para provocar así la definitiva desmembración del Imperio austríaco en beneficio de sus intereses: el Mediterráneo.

Además, los serbios recibieron también el "incondicional" apoyo de Francia, cuyo, recientemente elegido presidente de la república, Raymon Poincaré, nacido en Lorena, era un nacionalista agresivo que sólo pensaba en el desquite con Alemania. Poincaré pensaba que una Serbia dispuesta a todo podría obligar a movilizar a un millón de hombres alemano-austríacos en el flanco sur de Austria. Aquello —según Poincaré— desbarataría los planes militares de Alemania, ya que ésta nunca consentiría la ruina del Imperio Austro-Húngaro; la monarquía de los Habsburgo era el único aliado fiable de Alemania, y su desintegración en una colección de pequeños Estados, en su mayoría eslavos, desprotegería el sur de Alemania. Poincaré sabía que Alemania protegería al Imperio austro-húngaro a toda costa.

Mientras tanto, Rusia, que no se desalentaba, sugirió, esta vez a los "terroristas" serbios que atentaran contra el heredero al trono austríaco, Francisco Fernando y su esposa, en su próxima visita a Sarajevo prevista para julio. Y, efectivamente, el 28 de julio de 1914, se desencadenó la tragedia: ambos cayeron victimas de la "*Mano negra*" (una organización nacionalista serbia, por supuesto legal en Serbia, pero que operaba en la clandestinidad en Bosnia-Herzegovina.)

El efecto dominó…

Esta vez, el viejo emperador austríaco, Francisco-José, no pudo evitar declarar la guerra a Serbia. Y, como aquello equivalía a una declaración de guerra a Rusia, su aliada Alemania se la declaró formalmente. Esto último, hizo que Francia (obligada a su vez por su tratado con Rusia) movilizara sus tropas. Alemania reaccionó inmediatamente invadiendo Luxemburgo y Bélgica, a la vez que declaraba la guerra a Francia.

Por su parte, Gran Bretaña, como garante de la neutralidad de Bélgica, declaró la guerra a Alemania. Y el ciclo se cerró cuando Austria-Hungría, obligada por su acuerdo con Alemania, declaró formalmente la guerra a Rusia. Al día siguiente, Gran Bretaña y Francia lo hicieron con Austria.

Dos meses más tarde, Turquía y Bulgaria entraron en guerra junto a Alemania y Austria-Hungría, y, por el contrario, Japón, Italia, Portugal, Rumania y, finalmente, Estados Unidos y Grecia, lo hicieron al lado de los *aliados*, que, como veremos, perderían a Rusia como aliada, tras el triunfo de la revolución bolchevique en plena guerra, en octubre de 1917. Sólo España, Suiza, Holanda, los países escandinavos y Albania permanecieron neutrales.

¿De quién fue la culpa?

La culpa fue de la ambición que conlleva la riqueza. Los "mandamases" de los distintos países eran ricos y poderosos, porque la clase media, con su trabajo, les habían hecho ricos y poderosos, y eso se les subió a la cabeza: querían ser aun más ricos y poderosos que nadie. Es decir, la ambición de unos "altos funcionarios" y de unos monopolios industriales (que aspiraban a vivir de los grandes pedidos del Estado), más la ambición de unos pocos espabilados que, una vez convencidas las "masas" de que sin los "otros" vivirían mejor. (Es decir, que también deseaban vivir a costa del Estado —del "pueblo laborioso"— repartiéndose las nuevas cuotas de poder que se crearían en los nuevos Estados, como parlamentarios, ministros, jefes mayores, altos y medianos puestos en las nuevas administraciones).

Digan lo que digan los historiadores, la culpa no fue de este país en concreto o de este otro. La culpa de llevar al desastre a muchos fue de la ambición de unos pocos. Por supuesto, ninguno de los que firmaron aquellos tratados ni los que calentaron el nacionalismo, por ambición personal, fue a la guerra. Para esto estaba la "clase media", que, además de pagar, sirve, como siempre, de ¡carne de cañón!

El precio de la guerra

La I Guerra Mundial dejó un balance de 10 millones de muertos y cerca de 30.000.000 de heridos. Viudas, huérfanos y mutilados de guerra se contaron por decenas de millones.

Además, la I Guerra Mundial acabó —para siempre— con la libertad. Apareció el Estado Total a expensas de la sociedad civil, de la libertad individual y del libre mercado. Durante el conflicto, los diferentes Estados empezaron a controlar y regular sus economías nacionales para convertirlas en economías de guerra. Nació así la economía planificada, que ya nunca más se abandonaría.

Aquel desastre tuvo las mismas consecuencias en todas partes: un enorme paro, pérdida del valor adquisitivo de los pocos asalariados que aún quedaban, así como el hundimiento de las rentas, del ahorro, del capital y de la inversión, ya que, como hoy, todos los recursos de la nación fueron engullidos por los arruinados Estados. Así, pues, toda la clase media europea, además de servir de carne de cañón, quedó arruinada y endeudada hasta las cejas…

Aquel hundimiento económico modificó la conciencia moral de los pueblos europeos. En 1913, Paúl Valéry escribió, en *"La crise de l'esprit"*, que:

"la guerra lanzará a Europa hacia el abismo de la historia" y, añadió, *"la guerra no hará sino acusar y precipitar su decadencia"*.

Sin duda, el clima de posguerra cristalizó en una verdadera cultura del pesimismo, en una visión desesperanzada de la civilización occidental, de los valores que la inspiraban y del tipo de sociedad, y civilización, que esta había generado.

Aquel sentimiento de desencanto y desorientación fue igualmente perceptible en el arte. Surgió el movimiento dadaísta, que hizo de la provocación artística una forma extrema de rechazo de los valores en que se fundamentaba la sociedad moderna. La misma palabra que dio nombre al movimiento Dada, era significativa: *"un término sin sentido, para un mundo igualmente sin sentido."*

Pero, probablemente la consecuencia más importante y más terrible de la Gran Guerra fue la propagación de la *violencia* en la política durante y después del conflicto. En el Este, el régimen imperial ruso cayó y —como veremos— el país se sumergió en una sangrienta guerra civil que condujo a una enorme hambruna, a un colapso completo de su economía y a decenas de millones de víctimas. En Alemania, el derrumbamiento también del viejo orden imperial, al finalizar la guerra en noviembre de 1918, dio lugar a una nueva era que, durante el "gran desorden" de los años de posguerra, estuvo marcada por una creciente oleada de violencia que dio origen a un clima de nihilismo y odio que llevaron a Hitler al poder. Mientras que, en Italia, donde la I Guerra Mundial nunca fue querida por el pueblo, la miseria de la posguerra agravada con la inflación, la elevación de los precios, el aumento vertiginoso del paro y el desprestigio de la clase política, propiciaron la llegada de Mussolini.

El nacimiento del Estado "Total"

Antes de la guerra, aquellos grandes ideales de la Revolución Francesa, *Libertad, Igualdad y Fraternidad*, después de pasar por innumerables vicisitudes y vencer grandes resistencias, finalmente parecía que se habían hecho realidad. La mayoría de Estados europeos estaban regidos por un cierto número de principios considerados indiscutibles: preponderancia del poder civil, democracia parlamentaria y Estado mínimo. Aquello suponía esencialmente:

1º, el control de los actos del gobierno y de la administración por medio de representantes elegidos por el pueblo.

2º, el respeto a las libertades individuales básicas, y

3º, una economía de mercado apenas intervenida por el Estado.

Es decir, en aquel mundo liberal y próspero, el Estado, aún no era el principal problema de la clase media. Sin embargo, la guerra trastornó aquellos principios y costumbres, señalando el retroceso de la "libertad" del individuo. La "razón de Estado" se puso por encima de los intereses de éstos.

Es importante comprender aquel período entre-guerras para una correcta interpretación del siglo XX y de los inicios del XXI y, por tanto, de nuestro propio mundo: La I Guerra Mundial significó **el fin de la democracia**, tal cual se había entendido ésta por los ideales de la Revolución francesa; surgió el "totalitarismo" en todas sus variantes y el "estatismo" en los países que continuaron auto-proclamándose democráticos. Los enemigos de la libertad por fin habían triunfado.

De aquel terrible período de entreguerras hablaremos en el siguiente capítulo…

Capítulo XVIII

El período de entre guerras
1918-1939

Comunismo, fascismo, nazismo y estatismo

El fin de la I Guerra Mundial significó el triunfo de las dictaduras; primero en Rusia y, a continuación (y por este orden), en Hungría, Italia, España, Portugal, Polonia, Lituania, Yugoslavia, Alemania, Letonia, Estonia, Bulgaria, Grecia y Rumania. La mayoría de ellas —ya fuesen militares o civiles— fueron dictaduras paternalistas y relativamente moderadas. Sin embargo, el comunismo soviético, el fascismo italiano y el régimen nacional-socialista alemán (nazi) fueron auténticos "totalitarismos", que aspiraron al total control de la sociedad a través del uso sistemático de la represión y de la "comida de coco".

COMUNISMO

"La revolución rusa
es la primera etapa
de una transformación fundamental
de los principios sociales de la civilización occidental."

Harolt Laski, politólogo, economista y escritor inglés.

Rusia, antes de la guerra.

Como todos los países europeos, el gigantesco imperio zarista había experimentado entre 1870 y 1914 un gran desarrollo industrial y urbano. En vísperas de la I Guerra Mundial, Rusia era, por el volumen de su producción industrial, el quinto país del mundo. Además, contaba (desde 1905) con un Parlamento (*Duma*) elegido por sufragio universal, que había iniciado una gran reforma agraria con el objetivo de desarrollar una especie de "capitalismo rural" con la idea de crear un nuevo campo ruso, moderno, competitivo y volcado a la exportación. Antes de 1914, unos 6 millones de campesinos adquirieron (a base de créditos, a muy, muy, bajo interés) derechos de propiedad sobre sus tierras.

Aquel progreso modernizador, que Rusia experimentó durante el reinado de Nicolás II, fue extraordinario. El escritor inglés Maurice Baring, que vivió años en Rusia, escribió justo antes de la guerra, *"quizás nunca ha habido un periodo en que Rusia fuese materialmente más próspera que ahora, o en que la gran mayoría del pueblo pareciese tener menos razones para el descontento".* El resurgimiento cultural y artístico de Rusia con Ghejov, Gorky, Chagall, Malevich, Stravinsky, etc., parecían confirmarlo.

Naturalmente, huelgas y conflictos resurgían continuamente por aquí y por allá, a pesar de la extraordinaria prosperidad de toda la economía rusa; pero el zar y su régimen **parlamentario** eran extraordinariamente populares, como demostraron los fastos celebrados en 1913 con motivo del 300 aniversario de la entronización de la dinastía Romanov. Sin embargo, el escritor ruso Andrei Bely ya avisaba en su novela *"Petersburgo"* (1913), que *"las dos Rusias, la imperial y burocrática, y la revolucionaria, intelectual y visionaria, están condenadas a enfrentarse".* Y así fue… La I Guerra Mundial, y luego la revolución de octubre de 1917, interrumpieron aquella acelerada modernización del país.

La guerra

La entrada de Rusia en la I Guerra Mundial fue un auténtico desastre; sus bajas, desde agosto de 1914 a diciembre de 1916, se elevaron a 1.700.000 muertos, a casi 5.000.000 de heridos y a un millón y medio de soldados hechos prisioneros.

Además, la necesidad de abastecer a los frentes con todo tipo de suministros provocó el desabastecimiento y la carestía en la retaguardia. Entre 1914 y 1916 los precios de los alimentos y de los bienes de consumo se multiplicaron por cinco (¡un 500% de inflación, en dos años!). A finales de 1916, y en plena guerra, la industria, los transportes y la agricultura estaban al borde del colapso.

Todo aquello precipitó una gran crisis política. La Duma (el Parlamento) pidió al zar dimisiones (la Duma tenía una restricción: no podía cesar ni nombrar ministros). El zar, después de cesar al ministro de la Guerra (y a otros ministros), asumió personalmente el mando de la guerra. Aquello no sirvió para nada; continuaron los motines de las tropas, las deserciones en el frente y la agitación social en la retaguardia. El país se hacía cada día más ingobernable...

Al principio, aquel descontento generalizado se canalizó hacia la Zarina, por su condición de alemana, y hacia su asesor, el "místico" santón Gregory Rasputín[10], incorporado a la Corte por su supuesta habilidad para tratar la hemofilia del heredero de la Corona. A ambos se les acusaba de "traición" y complicidad con Alemania.

Pero la crisis se agravó, aún más, con el asesinato de Rasputín. en diciembre de 1916, por el Príncipe Iusupov —en colaboración con cuatro cómplices, uno de ellos el Gran Duque Dimitrii, sobrino del Zar— para eliminar a quien se pensaba era la principal causa del desprestigio de la Monarquía. Aquel asesinato tampoco sirvió para nada. El colapso del Estado ya era irreversible y, finalmente, el 17 de marzo de 1917, Nicolás II abdicó, y su

---

[10] **Rasputín** continuamente había dicho al Zar y a la Zarina que, si Rusia entraba en la guerra, sería el fin de los Romanov. Creía, pues, que la entrada de Rusia en la guerra era un inmenso error.

hermano, el gran duque Miguel Romanov, se negó a sucederle. Por tanto, Rusia se convirtió en una república…

La caída de la monarquía rusa y el ascenso del comunismo

La caída de la Monarquía rusa fue un formidable revés para los aliados occidentales, aunque no significase necesariamente el fin de la participación rusa en la guerra, como el ministro de Exteriores del nuevo gobierno provisional se apresuró a hacer público sólo ser nombrado. Pero era más que evidente para todos que el Ejército ruso carecía ya de disciplina interna y de moral de combate; que Rusia no tenía capacidad económica para continuar la guerra, y que la mayoría de la población estaba claramente en su contra, porque sólo había traído el hambre, la escasez y la muerte de cientos de miles de soldados.

Todo aquel drama había llevado al país a la anarquía. La disciplina militar no existía; las deserciones se contaban por centenares de miles; los soldados "pasaban" de sus superiores y, en la mayoría de los casos, cuando estos les daban una orden, simplemente los asesinaban. Mientras que los trabajadores, calentados por los soviets (un pequeño grupo de revolucionarios-antisistema), habían impuesto en fábricas y talleres una especie de "poder obrero" y, en el campo, la ocupación de las tierras.

Por otro lado, ante la caída de los Romanov, Alemania vio la oportunidad para acabar con la guerra en dos frentes. De manera que facilitaron el regreso a Rusia, en un tren blindado que partió de Suiza, de Lenin, un *revolucionario marxista* que se oponía a aquella *guerra de "burgueses"* (como si éstos tuvieran la culpa de ésta). Sea como fuere, las previsiones de los alemanes se cumplieron…

La Revolución de Octubre (el "Octubre Rojo")

El Gobierno provisional, siguiendo los mejores precedentes de las revoluciones europeas de las clases medias liberales, convocó elecciones mediante sufragio universal masculino, para formar una Asamblea "Constituyente" y, tal como hemos dicho, continuar en la guerra; primero, porque esperaban con ello el reconocimiento del nuevo régimen por los principales países aliados y, segundo, porque estaban convencidos de que la supervivencia de la democracia en Rusia dependía del Ejército, y de que éste recobrara la moral y la disciplina.

Además, y al estilo de los revolucionarios franceses de 1793, pensaban que los soldados y el pueblo ruso apoyarían una guerra que ya no se libraría en nombre de un imperio autocrático y tradicional, y de una Corte corrompida y distante, sino bajo la dirección de una democracia. Se equivocaron.

Aquella decisión (continuar con la guerra) tuvo gravísimas consecuencias políticas. Los marineros de la base naval de Kronstadt, soldados acantonados en la capital (Petrogrado), y un grupo de bolcheviques capitaneados por el recién llegado Lenin, creyeron que había llegado el momento de "hacerse con el "poder" y, en la noche del 25 de octubre de 1917 (el "Octubre Rojo"), dieron el golpe definitivo a la naciente república rusa. Se hicieron con los puntos clave de la capital (estaciones, puentes, centrales eléctricas, teléfonos y telégrafos, depósitos de carbón, bancos, edificios oficiales, etc.), mientras que un barco de guerra apuntaba sus cañones hacia el Palacio de Invierno, en el que se hallaba reunido el gobierno de Kerensky.

Al no encontrar a nadie que los defendiese (que defendiese a aquella naciente república democrática), todos los miembros del gobierno, sintiendo peligrar su pellejo, abandonaron sigilosamente el recinto por la puerta de atrás… (Kerensky, después de muchas peripecias, consiguió llegar a Estados Unidos, donde vivió hasta 1970.)

Así, pues, los amotinados irrumpieron en el desierto Palacio de Invierno declarando depuesto al Gobierno Provisional y nombrando un Consejo de Comisarios del Pueblo presidido por

Lenin, con Trotsky como comisario para asuntos exteriores, y Stalin como comisario para las nacionalidades.

Aquella misma noche, Lenin hizo público los dos primeros decretos del nuevo régimen: un *decreto de paz* sin condiciones con Alemania y la "confiscación" de todas las tierras privadas, de todas las grandes y pequeñas empresas y talleres, de todos los bancos, así como de todas las cuentas privadas. Efectivamente, aquella misma noche, Lenin instauró una autocracia que sería muchísimo peor y muchísimo más cruel que la de los zares.

Se calcula que durante el reinado del "malísimo" Nicolás II, que duró 23 años, hubieron menos de mil ejecuciones por terrorismo o por delitos políticos, mientras que el experimento comunista costó a Rusia unos 40.000.000 de muertos, repito 40 millones. ¡Todos ellos "enemigos" del pueblo"! (Por supuesto, los primeros en ser masacrados fueron los marineros de Kronstadt y los soldados que le habían ayudado a hacerse con el poder).

A continuación, no sólo fue liquidada la clase media, incluidos profesionales liberales, maestros, profesores e intelectuales, sino también todos los tipos de socialistas anti-leninistas y los mencheviques (sus antiguos aliados). Una vez purgado el país de los "enemigos del pueblo", sólo quedaron esclavos al servicio del soviet supremo (la nueva clase privilegiada).

Ya dijimos en el capítulo IV (titulado la "revolución utópica"): *"como los tiempos no estaban maduros (ni nunca lo estarán) para la igualdad perfecta, hubo que recurrir a la violencia, ya que ésta es inevitable cuando se intenta forzar a que lo utópico se haga real"*. Lenin desde el principio ya lo dejó muy claro: *"La Dictadura significa poder ilimitado basado en la fuerza, no en la ley"*, o, *"¿Alguien se cree que se puede salir victorioso sin utilizar el terror más despiadado?"*, así que, *"Debemos derribar cualquier resistencia, con tal brutalidad, que no se olvide durante décadas"* y *"Cuantos más representantes de la burguesía o del clero ejecutemos mejor"*, mientras que León Trotsky también decía: *"El viejo principio 'el que no trabaje no comerá' ha sido reemplazado por uno nuevo: 'el que no obedezca no comerá"*... (¡y aún no había llegado la hora de Stalin!)

El comunismo pervivió setenta años condenando a la esclavitud a varias generaciones de seres humanos, primero en Rusia y luego en muchas partes del mundo: la mayor máquina de triturar que ha conocido la especie humana en toda su historia.

FASCISMO y NAZISMO

"Lo que siempre ha hecho del Estado, un infierno sobre la tierra,
es, precisamente,
porque el hombre ha intentado hacer de él su paraíso"

F. Hölderlin, poeta alemán del siglo XIX

También el fascismo italiano y el nazismo alemán fueron (como el comunismo ruso) resultado de la I Guerra Mundial.

Sus orígenes (como vimos) se encontraban entre los que odiaban a la democracia, tanto de derechas (los *nacionalistas*) como de izquierdas (los *revolucionarios*), de finales del siglo XIX y principios del XX. Por tanto, es comprensible que reapareciese en su forma más pura en aquellos países en los que, a consecuencia de la I Guerra Mundial, se planteaba al mismo tiempo un grave problema "económico", "político" y "social", y un sentimiento de "humillación nacional", como en el caso alemán e italiano (los "perdedores de la IGM).

Como recordaremos, los *"revolucionarios-nacionalistas"* despreciaban tanto al liberalismo como a las prosaicas "virtudes burguesas" (producir, comerciar libremente y obtener beneficios). Todo aquello era visto con desprecio por el código del guerrero. Según ellos, la grandeza no venía a través de las actividades ordinarias del mercado, o de la obediencia a los deberes de la vida, sino a través de la lucha.

Sin embargo, a pesar de condenar a la sociedad "burguesa", por materialista e individualista, tanto los fascistas como los nazis —al contrario que los comunistas— abogaban (de boquilla) por la defensa de la propiedad privada (y así hacerse en exclusiva con el "esfuerzo" de la clase media llevándola engañada), exaltando el papel fundamental de la burguesía *productiva* y, por tanto, por el fin de los conflictos entre patronos y obreros, para intensificar así la producción con vistas al engrandecimiento del Estado. No podía haber derechos individuales opuestos al engrandecimiento del Estado. Todos los individuos de la sociedad (cualquiera que fuera su status) debían estar absolutamente subordinados a este objetivo.

Es decir: al igual que el comunismo, el fascismo y el nazismo pretendían que todos fuesen esclavos del Estado. Mussolini ya lo dejó muy claro: *"Todo para el Estado, nada fuera del Estado, nada por encima del Estado"*. Esa fue la esencia del fascismo y del nazismo (y del comunismo) …

En el fondo, todos aquellos movimientos <u>totalitarios</u> no fueron más que un intento de "<u>nacionalizar a todo el pueblo</u>", suprimiendo con ello toda rivalidad entre grupos e intereses distintos, tras un solo objetivo. Ya que —según Mussolini y Hitler— *lo único que suprime los intereses sociales y económicos divergentes de una nación moderna es la preparación constante para una constante guerra."*

Por tanto, el fascismo y sobre todo el nazismo fueron esencialmente gobiernos bélicos y economías bélicas, no como una medida transitoria para resolver una emergencia nacional, sino como un sistema político permanente; es decir, como una manera de vivir.

Esta es la diferencia entre dictadura y totalitarismo. La dictadura, antiguo fenómeno histórico, siempre había sido considerada como un simple "recurso" adecuado para unos momentos de "emergencia nacional" y, por tanto, <u>un recurso temporal</u>.

Por el contrario, el **totalitarismo**, tal como surgió después de la I Guerra Mundial, pretendía ser, no algo transitorio sino, una forma de vivir, ya que consideraba a la vida como "una emergencia continua". Por tanto, no es de extrañar que aquellas dos variantes del totalitarismo (fascismo, nazismo) condujesen de nuevo a la guerra.

El hecho de que la clase media italiana y alemana, frente a la alternativa de o comunismo o fascismo-nazismo, optaran por estos últimos, no requiere mayor explicación. Prefirieron vivir como simples "encargados de sus propias tiendas", bajo Mussolini o Hitler, que ser "liquidados" como "burgueses" por Stalin. A los que se "creían que aún conservaban algo" no les gustaba ser asesinados por los que ya no les quedaba nada.

Es decir, con millones de parados y con una súper-inflación, la clase media alemana e italiana (que veía en el comunismo, en la democracia corrupta y en el tratado de Versalles su propia sentencia de muerte), no es de extrañar que se mostrase, no sólo resentida, sino ávida de dejarse engatusar por cualquiera que les prometiera un glorioso paraíso terrenal...

Hitler y Mussolini supieron atizar estos sentimientos (el miedo al comunismo y al nacionalismo). Denunciaron el Tratado de Versalles como una humillación nacional, y a la democracia por producir la lucha de clases, la división interna, la debilidad nacional y la corrupción generalizada. Y el pueblo les votó, sin darse cuenta donde se metía…

El 1 de septiembre de 1939, Hitler invadió Polonia. Como respuesta, Gran Bretaña y Francia no tuvieron más remedio que declarar de inmediato la guerra a Alemania. Italia se sumó al conflicto al lado de ésta y, años más tarde, Alemania invadió la URSS. Meses más tarde Japón —que desde 1937 había invadido

China— atacó a la flota norteamericana del Pacífico en Peral Harbour, precipitando con ello la entrada de Estados Unidos en la Guerra. La II Guerra Mundial costó, esta vez, 55.500.000 de muertos…

No podemos terminar este capítulo sin hacer mención de otra consecuencia de la I Guerra Mundial que, con el tiempo, supondrá la estocada definitiva a la clase media: el "Estatismo".

ESTATISMO

*"Un gobierno puede vivir por un largo tiempo imprimiendo dinero.
Es una forma de impuesto que,
el público difícilmente puede evadir,
mientras que es muy fácil de implementar por un gobierno débil"*

John Maynard Keynes

Vimos como los países beligerantes habían tenido que hacer frente a inmensos gastos; primero durante la guerra y, después, para reabsorber a sus excombatientes y sostener a sus viudas, huérfanos y mutilados de guerra, así como para reconstruir sus infraestructuras arrasadas durante la guerra (y, en el caso alemán, italiano, austríaco y húngaro, para pagar, además, las "reparaciones de guerra" impuestas por los vencedores)

Sin embargo, como la clase media había quedado arruinada, y los Estados no podían "exprimirla" más, todo aquel inmenso gasto fue financiado a base de emitir montañas de "deuda". Y, Estados Unidos se hizo con la mayor parte de aquella "promesa de pago". Ahora bien, como todo "prestamista", USA también tenía un límite.

Como los Estados europeos necesitaban muchísimos más recursos que los que podían obtener de los Estados Unidos, se salieron de la disciplina del "patrón oro" (que les limitaba la cantidad de dinero que podían poner en circulación) y empezaron a darle sin parar a la máquina de hacer "papelitos". Es decir, recurrieron, además de endeudarse hasta las cejas, a la inflación, primero, y a la hiperinflación, después.

Las consecuencias de "endeudarse" aparecen a medio y largo plazo, sin embargo, las consecuencias de la "inflación" aparecen de inmediato: aumento del paro, pérdida del valor adquisitivo de los salarios (aumento de la pobreza) y licuefacción de los ahorros (el capital disponible para poner en marcha la economía se esfuma; el que había ahorrado mil, se encontró que sus "mil" sólo valían "uno", etc.)

Como algunos gobiernos europeos (los que tenían dos dedos de frente) sabían que aquellas dos drogas "duras" (la deuda y la inflación) eran **mortales**, para compensar, aplicaron al mismo tiempo una política "deflacionista". Se devaluaron, pues, las respectivas monedas (se empobreció aún más al pueblo por decreto), el precio del dinero se encareció (el crédito se hizo aún más difícil), se intentó volver al patrón oro (cosa que finalmente no se hizo), se intentó reducir el gasto público y equilibrar el presupuesto (cosa que tampoco se hizo) y los salarios bajaron (para que no se disparase la inflación, aunque sí se disparó).

Aquel duro correctivo, que como siempre lo sufrió la clase media trabajadora, estabilizó algo a la economía europea, pero despertó una gran agitación social que hacía pensar que el mundo occidental estaba abocado a una situación "revolucionaria", al ejemplo de la revolución *comunista rusa*. De ahí la gran inestabilidad social y política del período de entre-guerras.

Además, a aquella "durísima disciplina" se le sumó el famoso *"crack del 29"*.

Estados Unidos, creyéndose infinitamente rico, al contar con aquella inmensa "promesa de pago" europea, se emborrachó; sus bancos, tenedores de aquella deuda, empezaron a dar "crédito" a todo bicho viviente. El país no sólo se hipotecó mucho más allá de sus posibilidades, sino que incluso se pedía (y sin ningún problema se obtenía) crédito para especular en la bolsa. Finalmente, toda aquella "burbuja" estalló; muchos bancos quebraron y los que quedaron retiraron o no renovaron los créditos a Europa. Algunos países europeos, viéndose sin crédito, volvieron a darle a la máquina de hacer "papeles" pero, esta vez, "de verdad". Aquel desmadre, como vimos, hizo surgir, definitivamente, el fascismo en Italia, y el nazismo en Alemania.

Sin embargo, otros países (básicamente Gran Bretaña, Francia, Países Escandinavos, Holanda y pocos más), conscientes de las consecuencias políticas que trae la hiperinflación, se negaron a abusar de la máquina de hacer "papelitos" y continuaron con aquella política de austeridad, (a pesar de que en ellas también surgieron en su interior partidos tanto *fascistas* como "*frente-populares*" que exigían que el Estado gastase y gastase), sabiendo que era la única manera "realista" de purgar los "excesos" cometidos durante la guerra y sanear la economía. Pero, apareció un economista inglés, John Maynard Keynes, que intentó convencer (sin éxito) a aquellas pocas democracias que quedaban, que era posible hace frente a aquella terrible situación económica dentro de la democracia (aunque en el prólogo de la edición alemana de su libro —en un ataque de sinceridad— ya advertía que su "teoría" en realidad sólo era aplicable bajo un sistema "totalitario").

Keynes, en su libro "***Teoría general sobre el empleo, el interés y el dinero***", decía que la economía estaba paralizada por la "falta de consumo". Y, "*si la gente no consume* —decía— *el Estado tiene que hacerlo en su lugar*". Eso, según él, "*animaría a la economía y se volvería a crear empleo…*"

—Pero si el Estado —le respondían— no produce riqueza, y, por tanto, no tiene recursos (si no se los saca de la gente que trabaja), de dónde sacará el dinero para gastar y gastar.

—Naturalmente, de la gente —respondía.

—¡Pero si la gente está sin blanca! —exclamaban…

—De la gente, de la gente —insistía Keynes

—Pero ¿cómo?, ¿cómo?, si ya están al límite—volvían a preguntarle.

—Si no se les puede gravar con más impuestos —respondía— "endeudándose" en su nombre (que es como un impuesto en "diferido") y con inflación (que es un impuesto del que tampoco se dan cuenta.)

—Pero esto lleva al desastre —le respondían poniéndose las manos en la cabeza…

—"*A largo plazo todos muertos*" —les respondía, quedándose tan pancho…

A pesar de que en aquel momento ningún gobierno serio le hizo caso, Keynes no sopesó las funestas consecuencias que su "teoría" tendría en el futuro para la clase media: las inmensas deudas públicas, la inflación y el empobrecimiento general, amén de otros males, que pondrían de manifiesto la degradación de la democracia. Pretender corregir una recesión utilizando la misma medicina que la ha provocado, no sólo es de tonto, sino que es agravar más aún el problema…

El paradigma de Keynes, *"la causa real del desempleo es el insuficiente gasto"*, ha atravesado todo el siglo XX, hasta llegar a nuestros días, como la gran esperanza teórica para defender la figura de un Estado interventor que sigue otra máxima "*Gasta todo lo que quieras, aunque debas todo lo que gastes"*.

Desde los años 70, buena parte de la izquierda europea se guiaría por la luz de Keynes.

Nunca pudo soñar un burgués, nacido rico, amante del lujo y de la buena vida, que, a finales del siglo XX y principios del XXI, se convertiría en el gran icono de la izquierda.

Capítulo XIX

El mundo actual

Las tres generaciones, desde 1945 hasta nuestros días.
Abuelos, hijos y nietos

"No hay hombre tan grande o sabio
como para que le entreguemos nuestro destino.
La única manera en la que alguien pueda realmente 'liberarnos'
es devolviéndonos a la idea de creer únicamente en nosotros mismos"
Henry Miller, escritor norteamericano

"Si el horizonte es negro, si amenaza tempestad: ¡trabajemos!
Este es el único remedio para el mal del siglo.
André Maurois Novelista y ensayista francés.

"Nunca debe el hombre lamentarse de los tiempos en que vive,
pues esto no le servirá de nada.
En cambio, sí que puede mejorarlos.
Thomas Carlyle Historiador, pensador y ensayista inglés del siglo XIX

La clase media después de la guerra.
Los "abuelos" de la actual generación.

La segunda guerra civil europea causó muchas más víctimas (recordemos, 55.500.000) y destrucciones que la primera. Fue una guerra "total", no sólo por el número de naciones simultáneamente comprometidas en ella y por la amplitud de los teatros de operaciones, sino porque los países beligerantes se encarnizaron especialmente contra los centros urbanos y sus periferias para destruir su industria y, con ello, la capacidad de resistencia de sus enemigos. Al finalizar la guerra, una gran parte de las ciudades, industrias e infraestructuras quedaron totalmente destruidas. La clase media, tanto la de los países ganadores como la de los países perdedores, quedó hambrienta, sin hogar y sin dónde ir a trabajar.

Sin embargo, como no hay mal que por bien no venga, nuestros abuelos habían aprendido la "lección de lecciones": *no confiar en utopías, en paternalismos, en grandes padres de la patria, en guías, en soluciones mágicas, ni en grandes inventos, sino únicamente en uno mismo; únicamente en el trabajo y en el esfuerzo.*

Ahora bien, además de estar dispuestos a trabajar duro y a no quejarse, nuestros abuelos necesitaban una "ayudita" para poder empezar de cero. ¿A quién pedírsela?... Como después de la guerra sólo habían quedado dos "superpotencias", sólo había dos candidatos: la URSS y los Estados Unidos.

Los europeos occidentales (los orientales ya habían quedado bajo la órbita soviética) se decantaron por los americanos, ya que estos, a diferencia de los soviets, tenían más que ganar con una Europa reconstruida, que con una Europa en caos. Además, incluso antes de acabar la guerra, los Estados Unidos ya habían empezado a enviar ingentes cantidades de artículos (básicamente alimentos y combustibles) por valor de miles de millones de dólares para intentar remediar su miseria. Así que, una vez finalizada la guerra, se acogieron a una nueva ayuda, el Plan Marshall, que también era a fondo perdido. Con ello, además de satisfacer el instinto humanitario del pueblo americano, el gobierno estadounidense esperaba que, la reconstrucción económica de Europa, evitara el avance comunista a causa del hambre y de la miseria.

Esta vez, pues, no fue la banca privada americana la que dio crédito, como en los años 20, sino que fue el propio Estado quien, en nombre de todo el pueblo (es decir, a cuenta de los impuestos que éste iría pagando), se responsabilizó de aquel enorme préstamo. La única condición que pusieron era que los países beneficiarios se comprometieran a no despilfarrar sino a utilizar la ayuda para equilibrar su presupuesto, estabilizar su moneda y dar crédito únicamente a aquellos que, por sus méritos, fueran dignos de él.

Aquella ayuda, más las ganas de trabajar duro, la sobriedad y el espíritu de sacrificio de los abuelos de la actual generación, superó las más optimistas previsiones. Sólo cinco años después, la producción industrial europea alcanzaba y superaba los niveles de antes de la guerra, y el nivel de vida de nuestros abuelos comenzó a elevarse ininterrumpidamente durante veinticuatro años. Aquello hizo que, Europa occidental, se recuperase económicamente, que recobrara su identidad y que avanzara hacia su unidad económica (Comunidad Económica Europea, CEE) y política (que aún está pendiente). En la década de los sesenta, el índice medio de paro en Europa occidental se situó en el 1,5 por 100. Todo aquello, repito una vez más, fue el resultado del trabajo, de la sobriedad y del ahorro de aquella generación, y de la sensatez de sus gobernantes (De Gaulle, Adenauer, entre otros estadistas de verdad)

Los "padres" de la actual generación. Los herederos del "mayo del 68"

Sin embargo, en medio de aquella prosperidad, surgió, una vez más en la ciudad de París, una "crisis" que inmediatamente se extendió por Alemania, Italia, España y Checoslovaquia (aunque en este último país pronto fue sofocada por una masiva presencia de tanques rusos en las calles de Praga) ¿Una crisis en aquellas prósperas sociedades? ¿Cómo es eso?...

A lo largo de estas páginas, hemos visto que, hasta entonces, **todas** las "revoluciones" del siglo XVIII y XIX se habían originado por la incapacidad de los "privilegiados" (los que ostentan el poder) para afrontar una grave crisis económica y su consiguiente empobrecimiento general. Sin embargo, "mayo del 68" fue un movimiento de protesta encabezado por unos hijos de papá, ricos y súper protegidos, que lo tenían todo y que no podían quejarse de nada; por una generación que no había vivido los traumatismos de la generación de sus padres. Todo lo contrario, los que se "revolucionaron", eran unos auténticos burgueses bien-estantes que, siguiendo los tópicos de siempre, se revelaron precisamente contra el capitalismo, contra la sociedad de consumo, y contra la sociedad burguesa, es decir, ¡contra todo aquello que los había hecho ¡"ricos hijos de papá"!

Sin embargo, aquella "mascarada de revolución" no prosperó, en el sentido clásico de lo que entendemos por "prosperar una revolución", porque, aunque intentaron involucrar al mundo obrero, no lo consiguieron. Éste último, después de seguirles durante un breve tiempo, se dio cuenta de que aquellos niñatos, "que no querían dejar de ser unos burgueses", no estaban dispuestos a renunciar a seguir viviendo como unos auténticos niños malcriados.

Otro, que también les vio el plumero, fue el prefecto de la policía de París que, tratándoles de tontos, les dijo: *"¡Idiotas!, ¡si dentro de diez años todos seréis "notarios"!* ¡Qué lúcido, qué sabio! Me explicaré…

También hemos visto en este estudio que, en cualquier "revolución" que no implique la ocupación inmediata del Estado, todos los que participaron en ella acabaron, al cabo de unos años, siendo "notarios" (sinónimo de alto cargo en la Administración, ministro, primer ministro, líder de la oposición, diputado, asesor, consejero, miembro de la cúpula sindicalista o de la patronal, intelectual con influencia política, presidente o consejero de empresa pública o semi pública, o cualquier otra cosa que reclame, ante todo, "lealtad" al poder).

Y, en el caso de que la revolución implique (como en el caso de la segunda parte de la Revolución francesa y, especialmente, la Revolución rusa) una ocupación inmediata del Estado, una minoría de los que participaron en ella son, desde luego, los nuevos "notarios". Sin embargo, la mayoría de los originales "revolucionarios" desaparecen por muerte violenta, en el exilio o condenados a trabajos forzados.

Y, como la "revolución" del mayo del 68 **no** "prosperó", todos los que participaron, tanto físicamente como de corazón, tal como predijo el jefe de policía de París, acabaron siendo los "notarios" de hoy en día... Y así nos va.

El mayo del 68 cambió la moral y la forma de hacer política de finales del siglo XX y principios del XXI. Si recordamos algunos de los slogans, escritos en las paredes de la Sorbona, durante aquel mayo del 68, entenderemos por qué:

"Prohibido prohibir". "Vivir sin trabas y gozar sin trabas". "No queremos un mundo donde la certeza de no morir de hambre, sea a costa de morir de aburrimiento". "Sed realistas, exigid lo imposible". "Somos demasiado jóvenes para esperar". "Tomemos en serio la revolución, pero no nos tomemos en serio a nosotros mismos". "Decreto el estado de felicidad permanente" "¡Contempla tu trabajo: la nada y la tortura forman parte de él"! "Sólo mis deseos son la realidad"

El mayo del 68 proclamó que todo estaba permitido, que la autoridad había terminado, que la decencia había terminado, que no había nada que fuera sagrado, respetable o admirable. Ninguna regla, ninguna norma, nada que estuviera prohibido. Proclamó que todo vale, que no hay ninguna diferencia entre el bien y el mal, entre lo justo y lo injusto, entre lo decente y lo indecente, entre lo verdadero y lo falso.

El mayo del 68 introdujo el cinismo en la sociedad y en la política; promovió el anticapitalismo, el culto al dinero fácil e inmediato, el beneficio a corto plazo, la especulación, el vivir a cuenta del Estado, las políticas keynesianas (que son una auténtica estafa para la clase media) y el saqueo generalizado de los recursos del Estado. Es decir, el mayo del 68 contribuyó al actual triunfo del depredador sobre el emprendedor, del gasto sobre el ahorro (la formación de nuevo capital), de la especulación sobre el trabajo, y del vivir del Estado. Es decir, del triunfo del privilegio sobre la igualdad, de la pobreza sobre la riqueza, de la inmoralidad sobre la moralidad y de la mentira sobre la verdad…

Los herederos de aquel mayo del 68 son los que hoy se han hecho con todas las "notarías": desde la política, pasando por los altos cargos de la Administración, los sindicatos, los consejos de administración de las empresas públicas, de las cajas de ahorros y de los monopolios energéticos, hasta las Universidades y los medios de comunicación. Lo han invadido todo, y todos han tomado gusto al poder y a los privilegios. Desde sus "notarías" dan al prójimo lecciones que jamás se aplican a sí mismos, imponen a los demás comportamientos, reglas y normas que jamás se imponen a sí mismos. Esos son los que pretenden defender los servicios públicos, pero que nunca los vemos en un transporte colectivo; esos son los que nos dicen que tenemos la mejor-sanidad-pública-del-mundo, pero, cuando tienen un problema, acuden a la medicina privada; esos son los máximos defensores de la excelente-enseñanza-pública, pero envían a sus hijos a colegios privados; esos son los que dicen adorar a los barrios humildes, pero se cuidan muy mucho de vivir en ellos; esos son los que ponen el grito al cielo cuando se expulsa a un "okupa", pero de ningún modo aceptarían que éste se instalara en su casa; esos son los que hacen grandes discursos acerca del interés general, mientras envían sus dineros (producto del saqueo) a paraísos fiscales; esos son los que nos piden que nos apretemos el cinturón, mientras siguen tirando como locos de sus exclusivas tarjetas-black a cuenta nuestra. Estos son los que, en definitiva, nos han convertido en el "populacho" que los mantiene.

NOSOTROS Y NUESTROS HIJOS

"Todo cuanto contemplo
arroja las semillas de una revolución
que sobrevendrá indefectiblemente,
y de la que no tendré el placer de ser testigo"

Voltaire en 1764 (veinticinco años antes de la Revolución francesa)

Parece que los doscientos años trascurridos después de la Revolución francesa (la revolución de la clase media ilustrada) no hayan servido para nada: parece como si hubiéramos vuelto al punto de partida…

En la primera página, del primer capitulo, de este estudio, escribí: *"los 'privilegiados', es decir, los que vivían a todo tren a costa del trabajo del pueblo, eran unos 420.000 individuos: un 2 por ciento de la población. Es como si hoy dijéramos que, en España, 800.000 vivieran a costa de 40.000.000. Y si se calcula que hoy en España tenemos unos 400.000 políticos más otros 400.000 ex-políticos, familiares, "asesores" y altos cargos designados a dedo, vemos, que seguimos con la misma proporción: un dos por ciento de privilegiados…*

Es decir, aquella división, combatir, orar y trabajar, en el fondo escondía otra mucho más simple y eterna: por un lado, los "paganos", que se contentan con existir, intentar trabajar y pagar y, por otro lado, los privilegiados que, con sus cargos, puestos, prebendas e inmunidad fiscal y judicial, con el pretexto de "velar", "proteger" y "organizar" a la sociedad, vivían como "príncipes" a costa de los otros. Aquella era (y hoy sigue siendo) *la eterna situación "política…"*

Sin embargo, estos últimos doscientos años **sí** han servido para algo: hoy podemos "votar" y cambiar nuestra situación política.

Por eso, me he permitido escribir (dentro de mis límites) este libro, ahora que una nueva generación tiene que decidir (en las urnas) sobre su futuro. Es su hora.

Nosotros, los hijos de la generación de la posguerra, ya lo hicimos y les hemos dejado el mundo tal cual está.

Ahora, los nietos de aquella generación (los que ahora tienen entre treinta y cuarenta años), tienen que decidir qué mundo quieren para sí y, sobre todo, para sus hijos. Espero que el contenido de este estudio les ayude a escoger, con conocimiento de causa, qué es lo que más les conviene.

En mi opinión, tienen cuatro opciones:

Primera— Revolucionarse violentamente. Como hemos visto, esto es caer, a corto plazo, en manos de auténticos asesinos y, en el mejor de los casos, cambiar unos amos por otros.

Segunda— Más de lo mismo, pero con otras caras o con otras siglas. Eso significa seguir con la muerte lenta de la clase media.

Tercera— Optar por utopías. Eso significa la muerte súbita de la clase media: todos proletarios (o lacayos) trabajando para el Estado.

Cuarta— No dejarse engatusar por aquellos que aún creen (y les conviene que creamos) que seguimos siendo, además de tontos, unos menores de edad a los que hay que "gobernar", sino optar por aquellos que **sinceramente** creen en la capacidad de los hombres para regirse a sí mismos y ser solidarios con los demás sin necesidad de ser coaccionados; es decir, por aquellos que aún creen, como en los primeros tiempos de la Revolución Francesa, que ya es hora de emancipar[11] a la clase media: la dignidad del individuo, la libertad, la separación de poderes, la justicia

---

[11] **emancipar**. Libertar de la patria potestad o de la servidumbre.

independiente, la igualdad ante la ley, el fin de los privilegios y de los "aforamientos", la igualdad fiscal para todos, el fin de los monopolios, la igualdad de oportunidades, el respeto a los frutos del trabajo, un Estado sobrio y honesto y, "notarios" que reconozcan a la **moral,** como la base de la sociedad, y a la **conciencia**, como la base de la ley.

Barcelona, febrero de 2015

ricardobeleta@yahoo.es